AF229268

BÉATRIX,

DRAME EN QUATRE ACTES,

IMITÉ D'UNE NOUVELLE DE Mme CH. REYBAUD,

PAR

MM. SAINT-YVES ET LOUIS LEFEBVRE,

MUSIQUE DE M. ROGER,

REPRÉSENTÉ POUR LA PREMIÈRE FOIS, A PARIS, SUR LE THÉATRE DE LA PORTE SAINT-ANTOINE,
LE 29 JUIN 1839.

PERSONNAGES.	ACTEURS.	PERSONNAGES.	ACTEURS.
LE PRÉSIDENT DE TORCY, premier président du parlement de Grenoble.	M. SAVIGNY.	BÉNÉDICT, clerc de la basoche.	Mme BERGEON.
ESTÈVE ALVART, avocat et échevin de la ville.	M. EDMOND.	LÉONOR, marquise de Torcy, belle-fille du premier président. .	Mlle CLÉMENTINE.
MAITRE HONORAT, vieux médecin.	M. ÉMILE.	MARIE ALVART, cousine d'Estève et sa fiancée.	Mme LÉOPOLD.
UN ÉCHEVIN.	M. VALOIS.	GERTRUDE, vieille gouvernante d'Estève.	Mme LUDOVIC.
UN HUISSIER du parlement. . .	M. GABRIEL.	INÈS, camériste de la Marquise. .	Mme DERBY.
UN DOMESTIQUE de la marquise.	M. BASTIEN.	UN NOTAIRE, UN MOINE FRANCISCAIN, DOMESTIQUES DE LA MARQUISE, OFFICIERS DE JUSTICE, CLERCS DE LA BASOCHE, SOLDATS et PEUPLE.	
UN GEOLIER.	M. ÉDOUARD.		

La scène se passe à Grenoble, sous le règne de Louis XIII.

ACTE PREMIER.

Le cabinet de travail d'Estève Alvart. Fenêtre, au fond, donnant sur une place. De chaque côté de la fenêtre, deux petites portes ; à gauche, un grand bureau. De chaque côté, et sur le second plan, une bibliothèque. Guéridon, fauteuils et chaises.

SCENE PREMIERE.

ESTÈVE, MARIE, GERTRUDE.

Estève est assis dans un large fauteuil, devant son bureau couvert de papiers et d'in-folios ; il est très-pâle, sa mise négligée et son visage altéré indiquent qu'il relève à peine d'une maladie dangereuse. Il veut travailler ; mais il semble qu'une pensée terrible le préoccupe, le domine. Marie, de l'autre côté de la fenêtre, tient un ouvrage de tapisserie à la main, mais son regard ne quitte pas Estève. Dans le fond, Gertrude tricote et prête l'oreille au bruit lointain d'une fête.

GERTRUDE.

Ils s'éloignent enfin ces tapageurs damnés...

Sainte Vierge, on dirait qu'une légion de démons a fait choix de notre bonne ville de Grenoble pour y célébrer le sabbat.

MARIE, *montrant Estève.*

J'espère qu'ils vont lui laisser le repos dont il a tant besoin.

GERTRUDE.

Oh ! pas encore, mon enfant... Le Royal-Béarnais ne doit partir qu'au point du jour... jusque là, les paisibles bourgeois ne pourront goûter un instant de tranquillité... Quel vacarme ! des fusées, des pétards... des soldats ivres parcourant les rues la torche à la main, bras dessus, bras dessous avec les clercs de la basoche et tous les mauvais drôles de la cité. (*Elle écarte les rideaux.*) Tenez, voyez, là-bas, du côté de l'Arsenal, la lumière éclatante des feux d'artifice.,. C'est ainsi qu'ils se font leurs adieux... Mais, patience... Le jour mettra en fuite ces diables incarnés... Que Belzébuth les conduise!

MARIE.

En attendant, notre pauvre Estève ne pourra se livrer au sommeil... Vois donc, bonne Gertrude, comme il est absorbé... à peine s'il s'aperçoit de notre présence... et moi-même, qui dois être bientôt sa femme... je n'obtiens pas un regard... il m'oublie.

GERTRUDE.

Vous oublier... lui!... ah! le brave jeune homme... il en est incapable... mais il n'est vraiment pas raisonnable... on a beau être un avocat célèbre du parlement de Grenoble, et, de plus, échevin de la ville... ce n'est pas une raison pour se tuer... mais il ne veut pas nous écouter... la fatigue l'accable... et, à la suite d'une si cruelle maladie, il devrait...

MARIE.

Oh! oui, tu as raison... et je vais le gronder. (*S'approchant doucement de lui.*) Estève!

ESTÈVE, *sortant comme d'un assoupissement.*

Ah! Marie, bonne Gertrude, vous étiez encore là?

MARIE.

Oui, mon ami, oui, nous attendons que vous soyez rentré dans votre appartement... Vous veillez trop, et maître Honorat a expressément défendu que vous passiez ainsi une partie des nuits au travail... vous vous tuerez.

ESTÈVE.

Enfant, qui crois sans restriction aux paroles du médecin... Oh! mais rassurez-vous, Marie, et toi aussi, ma vieille Gertrude... Grâce à vos soins, votre malade peut sans danger se livrer comme autrefois aux travaux qui doivent lui assurer un avenir honorable.

MARIE.

Vous avez trop d'ambition, monsieur; je ne sais quelles idées de grandeur vous sont venues depuis que ce bon docteur Honorat vous a procuré la clientèle de cette marquise de Torcy, la belle-fille du premier président... Tenez, je suis sûre que c'est encore pour cette grande dame que vous travaillez en ce moment.

ESTÈVE.

En effet, des papiers relatifs à la succession de son époux... aux droits de son enfant.

MARIE.

Tout cela peut se remettre, il se fait tard, il faut vous retirer.

ESTÈVE.

Mais, ma chère Marie...

MARIE.

Je n'entends rien, monsieur... et s'il est vrai que vous m'aimiez, ainsi que vous le dites... quelquefois... prouvez-le-moi en m'obéissant comme si j'étais déjà votre femme.

GERTRUDE.

Cette chère enfant!... est-elle gentille!... C'est pas pour dire... mais lorsque votre mère, à son lit de mort, vous a fait promettre de l'épouser en légitime mariage... la pauvre femme ne pouvait vous léguer un plus bel héritage.

ESTÈVE.

Ma mère!

GERTRUDE.

« Ma bonne Gertrude, me disait-elle, ils sont faits
» l'un pour l'autre, et le ciel bénira leur union...
» Puisses-tu, plus heureuse que moi, en être le té-
» moin... Mais jusque là, du moins, reste auprès
» d'eux... sers-leur de mère. » Oh! oui, je m'en souviens... ce furent ses dernières paroles... et puis elle réunit ses forces pour vous bénir encore... et... et elle alla au ciel prier Dieu pour vous, mes enfans... et pour celle qui causait sa mort...

MARIE, *effrayée.*

Gertrude!...

ESTÈVE, *avec sévérité.*

Je vous avais priée de ne jamais me rappeler le souvenir de cette malheureuse.

MARIE.

Estève, Béatrix est ma sœur... elle est bien coupable, sans doute; orpheline et pauvre comme moi, comme moi elle fut accueillie par votre mère... et elle eut aussi sa part des soins qui me furent prodigués dans cette maison hospitalière... Mais si elle ne paya ses bienfaits que par l'ingratitude... plaignez-la, Estève... car en méconnaissant ses devoirs, n'est-ce pas son bonheur qu'elle a méconnu?...

ESTÈVE.

Mais elle a déshonoré sa famille... elle a tué ma mère... Ah! pas de pardon pour elle, qu'elle soit...

MARIE.

Estève, ce n'est pas elle qu'il faut maudire... mais son infâme séducteur.

ESTÈVE.

D'Almont!... oui, vous avez raison, cet homme qui se fait un jeu des larmes et du désespoir d'une famille... ce noble officier dont j'ai foulé aux pieds les insignes... mais qui croit son honneur intact, parce que son épée a traversé ma poitrine... Ah! les voilà bien ces soldats de parade et de boudoir... si fiers de leur écusson de gentilhomme... et de leur courage de spadassin... leurs armes sont encore vierges du sang de l'ennemi... mais il y a cent familles qui pleurent sur leurs victimes... Oh! patience, mes beaux seigneurs... nous pourrons un jour vous demander compte de vos exploits... (*Mettant la main sur sa poitrine.*) Vous ne serez pas toujours aussi heureux.

GERTRUDE.

Ah! mon Dieu, il m'effraie!

MARIE.

Mon ami, calmez cette agitation... et consentez à prendre quelques instans de repos.

ESTÈVE.

Je ne le puis, chère Marie... j'ai promis ce travail pour demain... n'insistez pas, je vous prie... Que me fait la fatigue? ce cabinet, c'est mon champ de bataille à moi, et, s'il le faut... j'y succomberai avec courage.

GERTRUDE.

Que dira maître Honorat?

MARIE.

Allons... puisque vous l'exigez... nous ne vous fatiguerons plus de nos importunités... mais nous resterons toutes deux ici... auprès de vous... à moins que cela ne vous contrarie.

ESTÈVE, *lui baisant la main.*

Vous ne le croyez pas, Marie? (*Ils reprennent les positions qu'ils occupaient au lever du rideau ; à part.*) Être aimé de cet ange... et ne pouvoir répondre à son amour... malheureux ! (*Il prend les dossiers qui sont sur son bureau et les rejette loin de lui.*) Toujours cette pensée !... cette image qui me poursuit sans cesse... à toute heure... en tous lieux... Léonor, marquise de Torcy... et moi... fils d'un manant... pauvre fou !

On entend des cris de joie, des pétards ; à travers la fenêtre du fond, on aperçoit la lueur des fusées et des torches.

GERTRUDE.

Dieu du ciel ! je crois que ce sont eux encore.

ESTÈVE.

Qui ?

GERTRUDE.

Les officiers du Royal-Béarnais.

ESTÈVE, *se levant et allant à la fenêtre dont il écarte les rideaux.*

En effet, ce sont bien eux... je les reconnais... et au milieu de ce groupe le capitaine d'Almont... quelle joie !... Allons, bons bourgeois de Grenoble, faites dignement vos adieux à ce noble régiment... videz la coupe de l'orgie avec ceux qui ont semé le déshonneur dans vos familles... Allons, pressez la main qui vous a privé d'un ami... ou d'un frère...

MARIE, *l'entraînant d'un autre côté.*

Estève, par grâce...

GERTRUDE, *ouvrant la fenêtre.*

J'ouvre la fenêtre... ils seraient capables de casser les vitres... les truands... Ah ! bonté divine... qu'ai-je vu !... Bénédict, votre clerc... je suis sûre qu'il aura attrapé quelque bon horion... et ce sera bien fait... Mais je ne me trompe pas, c'est bien à moi qu'il fait des signes... oui, il demande à entrer.

ESTÈVE.

Je devrais peut-être le laisser au milieu de cette fête qu'il a tant désirée... mais je le prends en commisération... Gertrude, va ouvrir... et vous, Marie, rentrez dans votre chambre.

MARIE.

J'obéis... vous ne travaillez plus ; adieu, Estève... Je ne vous oublierai pas dans ma prière... que Dieu vous rende la santé... (*à part*) et surtout

qu'il fasse entrer le repentir dans le cœur de Béatrix.

Estève la reconduit jusqu'à la porte de sa chambre, tandis que Gertrude va ouvrir à Bénédict.

SCÈNE II.

ESTÈVE, BÉNÉDICT, MAITRE HONORAT, GERTRUDE.

ESTÈVE, *un instant seul.*

Pauvre Marie ! fasse le ciel qu'elle ne soupçonne jamais mon funeste secret !

BÉNÉDICT, *entrant.*

Ah ! ce n'est pas malheureux !... on respire ici... (*A la cantonade.*) Prenez garde, maître Honorat... conservez bien la rampe... et excusez si on ne vous a pas éclairé... c'était pour moi...

ESTÈVE.

Maître Honorat ?

BÉNÉDICT.

Lui-même, que j'ai avisé au milieu de la bagarre... à la lueur d'une fusée... et que je vous amène en triomphe.

GERTRUDE.

Le pauvre cher homme... ils ont roussi sa perruque.

HONORAT, *à Bénédict.*

Le fait est, mon jeune ami, que sans vous... je ne sais pas où j'en serais encore à l'heure qu'il est, exposé que j'étais aux feux croisés de messieurs du Royal-Béarnais et des clercs de la basoche... bzi... les pétards sifflaient à mon oreille... je n'y voyais que du feu... et impossible d'avancer... ni de reculer... j'avais perdu mon chemin.

BÉNÉDICT.

C'est alors que, témoin de votre embarras... et malgré un pétard qui avait eu l'impolitesse de m'éclater dans l'œil... je m'élance, je saisis votre bras... et comme dans le royaume des aveugles les borgnes sont... capitaines... je deviens votre guide... votre protecteur... et vous voyez, maître, qu'en dépit de l'ennemi, nous avons fait une brillante retraite.

HONORAT.

Brillante n'est pas le mot... je me sauvais comme un vrai poltron... mais enfin, me voici à l'abri, et, de plus, chez un de mes malades.

ESTÈVE, *lui serrant la main.*

Dites chez un ami.

HONORAT.

Cela n'empêche pas, pardieu, je m'en flatte du moins. Mais où donc est l'aimable Marie ?... déjà retirée?

ESTÈVE.

Toutes ces fêtes n'ont rien de bien attrayant pour une jeune fille.

GERTRUDE.

C'est bon pour un mauvais garçon comme M. Bénédict : voyez un peu dans quel état il nous arrive : son pourpoint déchiré ; et son chapeau ?

BÉNÉDICT.

Mon chapeau.... c'est pourtant vrai... je l'ai oublié dans le feu de l'action... maladroit !...

HONORAT.

C'est très-heureux qu'il n'y soit pas resté lui-même.

BÉNÉDICT.

Ah ! bah !... il n'y a pas de danger... on en est quitte pour une pochade ou une brûlure dans l'œil... mais aussi, quel plaisir !... quelle volupté... Le signal a retenti... on prend position... l'ennemi s'avance... on s'attaque... on recule... puis on fait volte-face. Le feu redouble... jette la confusion dans les rangs... on profite du tumulte... on charge... on se bouscule... on roule pêle-mêle sur la place, en criant : Victoire... puis on se relève... et on recommence.

HONORAT.

Vous êtes basochien, jeune homme... Eh bien ! vrai, vous avez manqué votre vocation.

BÉNÉDICT.

Je le crois comme vous... mais qu'est-ce donc ?... il me semble que le feu se ralentit... (*Allant à la fenêtre.*) Oui, le Royal-Béarnais l'emporte... nos rangs s'éclaircissent... Oh ! les lâches... on voit bien que je ne suis plus là... Ah ! grand Dieu !... le capitaine d'Almont traverse rapidement la place, on le laisse passer... C'est ce que nous allons voir.

GERTRUDE.

Bénédict, Bénédict, où courez-vous encore ?

BÉNÉDICT.

Je vais chercher mon chapeau.

Il sort rapidement, Gertrude le suit.

<hr>

SCENE III.

ESTÈVE, MAITRE HONORAT.

HONORAT.

Ah ça ! maintenant, à nous deux... Voyons un peu où nous en sommes ce soir ?

Il lui tâte le pouls.

ESTÈVE.

Vous êtes bien bon, mon ami... je me trouve mieux... je vous assure.

HONORAT.

Non, pardieu pas... au contraire... moi, je vous trouve plus mal... le pouls est agité... il y a de la fièvre.

ESTÈVE.

Pourtant...

HONORAT.

Pourtant, pourtant... vous avez encore travaillé... voilà ce que c'est... c'est aisé à voir... et toute votre éloquence d'avocat ne me prouverait pas le contraire.

ESTÈVE.

Eh bien ! oui... je l'avoue... une affaire pressante... des papiers relatifs à mes nouveaux cliens.

HONORAT.

La marquise de Torcy... j'en étais sûr... Certainement, c'est une très-honorable clientelle que la sienne... Mais je ne vous l'ai pas donnée pour causer votre mort... et elle-même, en dépit de son origine espagnole et de sa fierté héréditaire... je ne la crois pas assez exigeante pour justifier un pareil zèle.

ESTÈVE.

Et ne comptez-vous pour rien la conscience d'un devoir loyalement accompli ?

HONORAT.

Tenez, mon ami, vous avez des sentimens nobles et élevés, j'en conviens... mais croyez-en ma vieille expérience... il faut parfois vous défier des mouvemens de votre ame... car, dans ce moment même, votre assiduité, que je blâme, ne se trouve pas d'accord avec vos véritables intérêts.

ESTÈVE.

Comment ?

HONORAT.

Quand je remis entre vos mains la clientelle de la marquise de Torcy, je ne vous cachai pas que depuis la mort de son mari, des dissentimens secrets devaient exister entre elle et son beau-père... Issue d'une grande et noble famille d'Espagne, c'est elle qui apporta dans la maison appauvrie des Torcy ces richesses considérables qui ont donné un nouvel éclat à leur blason... Or, depuis son veuvage, la marquise supporte avec peine l'exil du sol natal... et elle aurait déjà revu Madrid, si un lien puissant ne l'attachait encore à notre beau pays. Elle a un fils, seul héritier du nom de Torcy et des biens de sa mère. Jusqu'à ce jour, les intérêts de cet enfant étaient confiés à son beau-père, le premier magistrat de Grenoble... Mais loin de trouver en lui les sentimens paternels qu'elle était en droit d'en attendre pour son fils, la marquise n'a pas tardé à s'apercevoir que le président ne le considérait que comme un gage qui devait assurer à sa maison la possession des grandes richesses qu'elle y avait apportées en dot... c'est alors qu'elle voulut avoir un conseil pour guider son inexpérience... et que je me trouvai d'accord avec la renommée pour vous désigner à son choix.

ESTÈVE.

Et je vous en conserverai une éternelle reconnaissance.

HONORAT.

Vous auriez tort, peut-être... car voici précisément où je voulais en venir... En vous donnant à la marquise, je vous ai fait un ennemi de M. le président... et je le connais... c'est un homme que l'orgueil et l'ambition dominent... Je soupçonne que vos conseils pourraient bien déranger certains projets qui ne sont chez lui qu'en germe... puisque l'existence de son petit-fils lui garantit, jusqu'à nouvel ordre, la possession de son héritage... Mais si le malheur voulait... que cet enfant...

ESTÈVE.

Je suis là, mon ami, veillant sur le dépôt qui m'a été confié... et prêt à le défendre jusqu'au dernier souffle de ma vie... Que me fait, à moi, la haine de M. le premier président?... mon devoir est tracé... nul ne saurait m'en faire dévier... Heureux et fier de la confiance d'une femme que le respect, la considération entourent, je marche droit à mon but... tête levée... et la main sur la conscience... je brave les foudres du parlement.

HONORAT.

J'aime à voir le feu qui brille dans vos yeux quand vous parlez de votre profession, et surtout de la noble cliente dont vous défendez les droits avec tant de chaleur... mais j'y prendrais plus de plaisir encore, si tous ces beaux mouvemens n'étaient pas achetés au prix de votre parfaite guérison. (*Lui prenant le bras.*) Tenez, il y a redoublement de fièvre... j'aurais dû le prévoir... toutes les fois que je vous parle de la marquise...

ESTÈVE.

Mon ami, vous vous trompez.

HONORAT.

Un médecin ne se trompe jamais... même quand ses malades succombent... Ici, par exemple, je parie que si vous voulez y mettre de la franchise, vous m'avouerez que votre blessure n'est pas la seule cause...

ESTÈVE, *à part.*

O mon Dieu ! que dit-il ?

HONORAT.

Je suis persuadé qu'il existe au fond de votre cœur une plaie toujours saignante... un chagrin profond, incessant... et contre lequel vous essayez en vain de lutter.

ESTÈVE.

Quelle apparence ?...

HONORAT.

Oh! je m'y connais... et d'ailleurs, en cherchant bien autour de vous... quand il n'y aurait que le souvenir de votre cousine Béatrix...

ESTÈVE.

Oh ! je vous jure...

HONORAT.

C'est possible... il n'y a peut-être d'autre cause à cette agitation fébrile que je remarque en vous que la pensée continuelle de cette rencontre fatale où l'épée du capitaine d'Almont... Ecoutez donc, mon ami, pour un échevin qui doit donner l'exemple du respect dû aux lois de son pays, je comprends que ce soit un remords d'y avoir manqué lui-même.

ESTÈVE.

Si ce combat m'a laissé un regret... c'est de n'avoir pu laver dans le sang de mon adversaire l'outrage fait à l'honneur de ma famille.

HONORAT.

Eh! mon Dieu!... je ne désapprouve pas précisément ces sentimens-là... mais les lois sont sévères... et le cardinal de Richelieu ne fait pas grâce... Songez donc que si par malheur un autre que moi pouvait soupçonner la cause de cette maladie, que tout Grenoble attribue à une chute... votre tête ne serait pas en sûreté... et dam, cela mérite bien quelque considération.

ESTÈVE.

En effet, et je vous sais gré, mon ami, de l'intérêt qui dicte vos paroles... (*A part.*) Il ne sait rien.

HONORAT, *à part.*

Allons, ce n'est pas cela encore... ce qu'il y a de sûr, c'est qu'il y a un secret, lequel?... Je le saurai plus tard.

Il va prendre son chapeau.

ESTÈVE.

Eh quoi, mon ami, vous partez déjà ?

HONORAT.

Je vais tâcher de regagner mon gîte... je n'entends plus rien... et j'espère que cette fois... (*Les cris et les pétards recommencent.*) Allons, c'est fait pour moi... voilà le tapage qui recommence... Je crois pourtant que j'aurai encore le temps de m'esquiver... et je vais... (*On frappe à une porte de gauche.*) Ah! mon Dieu!... qu'est-ce que cela?

ESTÈVE.

Ne vous effrayez pas... ce sont des importuns sans doute... peut-être quelques basochiens qui veulent établir ici leur quartier-général... mais je vais les recevoir comme ils le méritent.

HONORAT.

Et moi, pendant ce temps, je me sauve... en recommandant mon ame et surtout ma perruque à la Providence... Adieu, mon ami, adieu.

Il sort. Les coups frappés à la porte redoublent.

ESTÈVE.

Qui peut frapper ainsi à cette porte ?

Il ouvre, une femme couverte d'un voile se précipite sur la scène.

<hr>

SCÈNE IV.

ESTÈVE, LA MARQUISE.

Elle a l'air très-agité ; ses vêtemens sont en désordre, un de ses bras est sans mitaine.

ESTÈVE.

Une femme !

LA MARQUISE.

Protégez-moi, monsieur, protégez-moi, qu'ils ne puissent me reconnaître... fermez toutes les portes. (*Tombant sur une chaise.*) Ah! je succombe!

ESTÈVE, *qui a fermé la porte par laquelle Honorat est sorti.*

Quelle étrange apparition !... Ne craignez rien, madame... ici vous êtes en sûreté... et quel que soit le motif qui vous amène dans cette maison...

Estève Alvart vous jure que personne n'en franchira le seuil sans sa permission.

LA MARQUISE.

Maître Alvart!... ah! c'est le ciel qui m'a conduite ici.

ESTÈVE.

Vous savez qui je suis, madame?

LA MARQUISE.

Oui, monsieur... et en cherchant la demeure d'un homme loyal et discret... je ne pouvais mieux frapper qu'à cette porte.

ESTÈVE.

Ah! mon Dieu! cette voix... cette taille... Mais qui donc êtes-vous?

LA MARQUISE, *soulevant son voile.*

Maître Alvart, la marquise de Torcy implore de vous une grâce.

ESTÈVE.

Qu'ai-je vu?... la marquise de Torcy!... Ici, chez moi, seule... Ah! mais non, c'est impossible... mes yeux s'abusent... c'est elle, pourtant... c'est bien elle... Oh! tant de bonheur!...

LA MARQUISE, *très-émue.*

Remettez-vous, maître Estève... votre étonnement cessera sans doute, quand vous saurez que ce soir, ignorant à quelle fête se livraient les habitans de Grenoble, j'avais quitté l'hôtel en secret... oui, pour me rendre à l'église de la Visitation... C'était bien imprudent à moi, n'est-ce pas?... Mais que voulez-vous, j'y étais entraînée... presque malgré moi... par un ascendant irrésistible...

ESTÈVE.

Ah! oui, je comprends... des prières sur la tombe d'un époux.

LA MARQUISE, *à part.*

Hélas! (*Haut.*) Je sortais à peine de... l'église... lorsqu'un groupe de jeunes gens m'aperçut et se mit à ma poursuite... Jugez, maître Estève... jugez de mon effroi... s'ils m'avaient reconnue!... s'ils m'avaient vue sortir de...

ESTÈVE.

Achevez, madame.

LA MARQUISE.

Enfin ils allaient m'atteindre... quand, au milieu de cette place, une petite rue vient s'offrir à moi... Désespérant de pouvoir regagner l'hôtel... je m'y précipite... j'aperçois cette porte... et... et... Ah! mon Dieu! qu'est-ce que j'éprouve... Maître Alvart... de l'eau... de l'eau... je vous en supplie... j'étouffe... je me meurs.

ESTÈVE.

Si j'appelais... j'ai là une vieille servante dévouée...

LA MARQUISE, *se levant.*

Non, non... qu'on ne soupçonne rien... (*Estève lui verse de l'eau.*) Ah! que cela fait de bien!

ESTÈVE.

O ciel! madame, vous êtes blessée... du sang...

LA MARQUISE, *épouvantée.*

Du sang... vous vous trompez, monsieur... Du sang... sur moi... et où cela?...

ESTÈVE.

Cette mitaine de soie...

LA MARQUISE, *l'ôtant avec vivacité et la jetant sur le bureau.*

Horreur!

ESTÈVE.

Mais, madame...

LA MARQUISE.

Rassurez-vous... monsieur... ce n'est rien... une égratignure sans doute... dans cette foule... mais je vous l'ai dit, j'attends de vous une grâce.

ESTÈVE.

Parlez, madame, parlez.

LA MARQUISE.

Ces hommes qui me poursuivaient... ils m'ont vue entrer ici... ils sont là peut-être, attendant ma sortie... mais, maintenant plus que jamais, il ne faut pas qu'ils me reconnaissent... et pourtant il est tard... Je devrais être déjà rentrée à l'hôtel... si l'on découvrait mon absence... je serais perdue...

ESTÈVE.

Qu'attendez-vous de moi, madame?

LA MARQUISE.

Maître Estève, vous sentez-vous capable d'un dévouement sans bornes?

ESTÈVE.

Que ne puis-je à l'instant le voir mettre à l'épreuve!

LA MARQUISE.

Ecoutez donc... vous allez prendre votre manteau... vous me cacherez sous ses larges plis... et au péril de votre existence, vous traverserez cette place occupée par la foule... sans qu'un seul indiscret puisse m'y découvrir.

ESTÈVE.

On m'arracherait plutôt la vie.

LA MARQUISE.

Bien, maître Estève, ne perdons pas un instant... votre manteau... Ah! votre épée...

ESTÈVE.

Vous avez raison, madame, et malheur à qui oserait tenter de pénétrer ce mystère!

LA MARQUISE, *se serrant contre lui sous son manteau.*

Partons... Eh quoi! vous tremblez, monsieur?... Est-ce donc à une femme à vous donner l'exemple du courage?

ESTÈVE.

Ah! madame, ce n'est pas de crainte que je tremble... et si vous pouviez lire au fond de mon âme... (*A part.*) Insensé, qu'oses-tu dire?...

LA MARQUISE.

Allons, monsieur. (*On entend frapper à la porte de l'escalier.*) Grand Dieu!

GERTRUDE, *en dehors.*

Monsieur Estève, monsieur Estève...

ESTÈVE.

C'est la voix de Gertrude... ne craignez rien, madame...

Il souffle la lumière et va ouvrir.

SCÈNE V.

Les Mêmes, GERTRUDE, MARIE.

Gertrude entre par une porte, et Marie par une autre.

MARIE, *qui a paru sur les derniers mots, s'arrête en disant :*

Qu'entends-je ?...

GERTRUDE.

Bon Dieu ! quelle obscurité !

ESTÈVE.

Par mégarde, j'ai éteint la lumière... Je sors... pendant ce temps, rallumez-la.

GERTRUDE.

Vous sortez, monsieur, à pareille heure ?... ce n'est pas raisonnable.

ESTÈVE.

Obéissez, Gertrude.

MARIE, *écoutant.*

Il n'est pas seul.

Estève sort rapidement en entraînant la Marquise.

SCÈNE VI.

GERTRUDE, MARIE.

GERTRUDE.

A-t-on jamais vu !... obéissez... Et c'est à moi... Gertrude, que cela s'adresse... Ah ! voilà bien la première fois... depuis trente ans... Que se passe-t-il donc ici ?

Elle sort.

MARIE, *seule.*

Non, je ne me suis pas trompée... quelque chose me dit là que mes soupçons étaient fondés... Une femme !... une femme... je ne puis le croire encore... et pourtant, j'ai bien entendu : Madame, a-t-il dit... Madame... Oh ! non, ce serait trop cruel, perdre ainsi ma dernière illusion...

Elle tombe sur un siége près du bureau.

GERTRUDE, *apportant de la lumière.*

Je vous demande un peu quelle singulière idée d'aller s'exposer, malade comme il l'est... et au beau milieu de la nuit... et des pétards... Tiens, c'est vous, mademoiselle Marie, seule ici... vous savez donc pourquoi M. Estève est sorti ?

MARIE.

Oui, bonne Gertrude ; oui, je le sais... il va revenir... ne sois pas inquiète. Tu vois, je ne le suis pas, moi... oh ! mon Dieu ! (*Elle a aperçu la mitaine ; à part.*) Pas même un doute !...

GERTRUDE.

Mais, au contraire, c'est que je vous trouve un air tout extraordinaire. Qu'est-ce que cela veut donc dire ?... c'est à croire que tout le monde est devenu fou dans la maison.

BÉNÉDICT, *sur la place.*

Mère Gertrude, mère Gertrude.

GERTRUDE, *allant à la fenêtre.*

Allons, bon, encore ce mauvais garnement... Qu'est-ce qu'il veut ?... Que j'aille lui ouvrir ?... Si vous me promettez que ce sera la dernière fois... bien vrai ?... Allons, il faut de l'indulgence.

Elle sort.

MARIE, *seule.*

Une rivale !... oh ! malheur ! je le sens, tout est fini pour moi sur la terre... mais cette femme, quelle est-elle ?... je le saurai... C'est lui... qu'il ne soupçonne rien.

Elle rentre en emportant la mitaine.

SCÈNE VII.

ESTÈVE, *puis* BÉNÉDICT.

Au moment où Marie sort, Estève ouvre la porte à gauche.

ESTÈVE, *seul.*

Personne... c'est à merveille... Oh ! je rapporte du bonheur pour bien long-temps.

Il jette son manteau sur une chaise.

BÉNÉDICT, *entrant, à la cantonade.*

Oui, mère Gertrude... c'est fini... foi de baso-chien... je vais me coucher. (*A part.*) Tiens, tiens, tiens... maître Estève, encore debout à une heure si avancée de la nuit... Est-ce que par hasard, cette femme de tout-à-l'heure ?...

Il regarde de tous côtés.

ESTÈVE, *feignant de ranger des papiers sur son bureau.*

Eh bien, Bénédict... qu'attendez-vous ? que faites-vous là ?...

BÉNÉDICT.

Maître, je vous vois occupé et consacrant au travail les instans que nous autres, mauvais drô-les, nous donnons au plaisir... et, ma foi, un remords me prend... je suis sur les dents... je rends l'ame par les pieds... mais n'importe, me voilà... et si je puis vous être bon à quelque chose...

ESTÈVE.

Merci, merci... je n'ai pas besoin de toi... d'ailleurs, le jour ne tardera pas à paraître, et tu feras mieux d'aller réparer tes forces épuisées.

BÉNÉDICT.

Oui, maître, j'y vais... (*A part.*) Je voudrais pourtant bien savoir...

ESTÈVE.

Qu'y a-t-il encore? Bénédict, voyons, explique-toi sans détour.

BÉNÉDICT.

Eh bien, maître, puisque vous le voulez, je vous dirai franchement que je suis sous l'empire de quelque sortilége, bien sûr...

ESTÈVE.

Ah! et pourquoi?...

BÉNÉDICT.

Voilà... mais, d'abord, maître, dites-moi... est-ce qu'une femme n'est pas venue tout-à-l'heure frapper à cette porte?

ESTÈVE, *légèrement troublé.*

Une femme?...

BÉNÉDICT.

Oui, une femme couverte d'un grand voile... et qui courait... qui courait... comme le vent.

ESTÈVE.

De sorte que tu n'as pu la reconnaître?

BÉNÉDICT.

Pas le moins du monde... et c'est justement pour cela que je vous en parle... parce qu'elle peut se vanter de nous avoir joliment intrigués... nous autres basochiens.

ESTÈVE, *se remettant.*

Je le crois sans peine, avec vous, il n'en faut pas tant.

BÉNÉDICT.

Imaginez-vous, maître, que tout-à-l'heure, au plus fort du combat, je m'étais élancé à la poursuite du capitaine d'Almont.

ESTÈVE.

D'Almont?

BÉNÉDICT.

L'un des officiers du Royal-Béarnais, et de nos plus chauds adversaires... Il avait tout d'un coup abandonné la partie, et il s'avançait avec un de ses camarades, le lieutenant Dampierre, à travers des rues détournées... vers le haut de la ville... vous savez?...

ESTÈVE.

Eh bien?

BÉNÉDICT.

Moi, j'avais dit à quelques amis, francs et braves basochiens comme moi: Suivons le capitaine... Aussitôt, en avant les munitions... Nous voilà à sa poursuite... et Dieu sait ce que ce diable d'homme nous faisait arpenter de terrain... Enfin, nous étions sur le point de l'atteindre... dans un endroit bien isolé... juste auprès de ce petit pavillon qu'il a loué dans le faubourg... à côté de l'Arsenal, pour donner rendez-vous aux nombreuses beautés...

ESTÈVE.

Bénédict!

BÉNÉDICT, *à part.*

C'est juste, j'oubliais que la cousine Béatrix... (*Haut.*) Il courait donc toujours, quand... remarquez bien ceci, maître... quand un petit bruit, semblable au frôlement d'une robe, vient subite-

ment nous distraire de notre poursuite... c'était le sortilége, l'apparition... cette femme, inconnue... qui semblait sortir de dessous terre... ou, pour mieux dire, du pavillon...

ESTÈVE.

Hein?... qu'as-tu dit?

BÉNÉDICT.

Dam, à moins que vous ne préfériez ma première supposition... Ma foi, à dire vrai... cette proie nous semblait meilleure que l'autre... et puis, comme on dit, à défaut de grives... on prend des ortolans. Bref, nous voilà de nouveau lancés à la poursuite de l'inconnue... mais elle courait plus vite que nous... avec ça qu'elle avait de l'avance... Petit à petit les autres désertaient... et moi seul je courais encore... j'étais parvenu sur ses pas jusqu'à cette place... et je me disais: C'est bien le diable, si je ne l'attrape pas celle-là! lorsque tout-à-coup... psitt... disparue... Un coup frappé à cette porte... puis plus rien... et moi, toujours de là... hébété, attrapé, vexé, et surtout essoufflé.

ESTÈVE.

Il faut avouer, Bénédict, que le démon de la curiosité vous possède bien furieusement... pour vous acharner ainsi à la poursuite d'une pauvre femme.

BÉNÉDICT.

Moi, curieux... ah! par exemple, si l'on peut dire... Après ça, je le suis un peu... c'est un défaut de naissance que je n'ai jamais pu dominer.

ESTÈVE.

Et qui sera cause un jour de quelque malheur.

BÉNÉDICT.

Comment, parce que j'ai poursuivi cette femme?... Ah çà, c'est donc...

ESTÈVE.

Cette femme... cette femme... vous auriez tort de faire sur elle aucune supposition... vous pourriez même vous en repentir... car cette femme... c'est ma cousine, c'est Marie.

BÉNÉDICT.

Mademoiselle Marie? allons donc! mademoiselle Marie, qui sortait du pavillon du capitaine?

ESTÈVE, *à part.*

O ciel! (*Haut.*) Du pavillon! vous êtes sûr, parfaitement sûr?...

BÉNÉDICT.

Et d'où pouvait-elle sortir?

ESTÈVE.

Mais si Marie, attardée ce soir... au couvent de la Visitation, n'avait pu traverser plus tôt la ville, occupée tout entière par vos misérables jeux... qu'auriez-vous à répondre?

BÉNÉDICT.

Le couvent de la Visitation... En effet, il est tout près du pavillon... et je... Comment... comment... c'était Mlle Marie?

ESTÈVE.

Eh! sans doute... qu'y a-t-il là d'étonnant?

BÉNÉDICT.

C'est qu'en vérité... maintenant que j'y pense...
Pourtant... la taille... la tournure... après ça, dans
l'obscurité... sans compter que je n'ai pu voir sa
figure... à cause du grand voile qui la cachait...
Et moi qui ai eu la sottise de la relancer comme
une biche !

ESTÈVE.

Bénédict, je vous le répète, vous avez une malheureuse curiosité qui vous induira quelque jour
à mal.

BÉNÉDICT.

Ah ! maître...

ESTÈVE.

C'est bien, qu'il ne soit plus question de cela ;
allez.

BÉNÉDICT.

Oui, maître ; mais, au moins, dites-moi que vous
ne m'en voulez pas.

ESTÈVE.

A condition que tu ne rappelleras jamais à
Marie...

BÉNÉDICT.

Oh ! soyez tranquille, maître... J'aurais bu de
l'eau du Léthé que ce souvenir-là ne serait pas
plus effacé de ma mémoire... et pour preuve, je
vais commencer par me jeter entre les bras du
plus profond sommeil... Bonsoir, maître... quand
je dis bonsoir... voilà déjà qu'il fait petit jour...
Eh mais, qu'est-ce que j'entends ?

Marche militaire dans le lointain.

ESTÈVE, *prêtant l'oreille.*

Sans doute ce régiment qui nous quitte.

BÉNÉDICT, *courant à la fenêtre.*

C'est cela même... les voilà, les voilà qui défi-
lent... Oh ! les beaux fantassins !... et dire qu'ils
s'en vont comme ça à Lyon sans débrider.

SCENE VIII.

LES MÊMES, MARIE.

MARIE, *à part.*

Estève ! Ah ! cachons-lui combien j'ai pleuré !

Elle essuie ses yeux.

ESTÈVE.

Marie... déjà levée ?... Mais quelle pâleur !...
Souffrez-vous ?...

MARIE.

Non, non... un peu de fatigue... les fêtes de
cette nuit... ce n'est rien. (*A part.*) O mon Dieu !
donne-moi la force de me contraindre.

BÉNÉDICT, *à la fenêtre.*

Bon voyage, messieurs du Royal-Béarnais... et
vous surtout, capitaine d'Almont... qui avez beau
lever la tête de ce côté en ricanant... Cela m'est
bien égal, allez, je suis au-dessus de vous... Eh

mais, je ne me trompe pas, c'est maître Honorat
qui vient par ici.

ESTÈVE.

Maître Honorat ?

BÉNÉDICT.

Oui ; il semble fort affairé... Ah ! Mme Gertrude le reçoit sur le seuil de la porte... il monte.

ESTÈVE.

Qui peut l'amener de si grand matin ?

BÉNÉDICT, *se retournant.*

Tiens, Mlle Marie... (*L'examinant.*) Décidément,
je crois... que c'était elle.

SCENE IX.

LES MÊMES, GERTRUDE, HONORAT.

ESTÈVE.

C'est vous, mon ami ?

HONORAT.

Moi-même... qui arrive fort mécontent... Ouf !
un siége.

ESTÈVE.

Mécontent, et pourquoi ?

HONORAT.

Je suis furieux... d'abord contre mon malade...
qui est encore sur pied à pareille heure.

GERTRUDE.

Là, c'est bien fait.

HONORAT.

Et puis, contre ces maudits militaires. Si vous
saviez... Ah ! si le Royal-Béarnais a jamais besoin
de ma bénédiction...

BÉNÉDICT.

Elle ira avec la mienne.

ESTÈVE.

Mais enfin, que vous ont-ils fait ?

HONORAT.

Ce qu'ils m'ont fait, les malheureux !... Mais ils
m'ont empêché de rentrer chez moi... ils m'ont
forcé de trinquer avec eux jusqu'au jour... moi,
le premier médecin de Grenoble... et j'avais beau
leur dire : Assez... j'ai besoin de ma tête pour sauver celle des autres... ah bien ! oui... Enfin, le
tambour est venu me rendre ma liberté... Mais au
moment où je me préparais à en profiter... Maître
Honorat, me dit un jeune officier en me frappant
sur l'épaule, n'êtes-vous pas le médecin de maître
Alvart ? — Oui, monsieur. — En ce cas, rendez-
moi le service de lui porter mes complimens et de
lui remettre ceci. — Mais votre nom ? — C'est inutile, maître Alvart l'aura bientôt deviné. Moi, je
tends la main... il y laisse tomber ce papier...
cette petite boîte... et puis... il court encore.

ESTÈVE.

Un papier, une boîte... ah ! donnez, donnez
vite... Je ne sais quel pressentiment...

MARIE, *s'approchant.*

Estève... qu'est-ce donc ?

ESTÈVE.

Laissez-moi, Marie, laissez-moi, une lettre... et voilà tout.

BÉNÉDICT, *à part.*

Je parie qu'il y a du d'Almont là-dessous.

Maître Honorat s'approche de Marie et de Gertrude.

ESTÈVE, *à part.*

O ciel !... qu'ai-je lu !... (*Lisant.*) « Je ne quitte » pas Grenoble sans me rappeler que je dois une » revanche à maître Alvart. Je n'ai jamais renié » mes dettes ; mais, en partant, je tiens à lui prou- » ver que je ne conserve contre sa personne au- » cun sentiment d'inimitié ; et pour cela, je lui » adresse un objet que j'ai reçu des mains de la » plus belle comme de la plus adorée de ses » clientes : son cœur lui indiquera peut-être l'u- » sage qu'il doit en faire. » Il y a cela... oui, « que » j'ai reçu des mains... » (*Il répète lentement.*) De ses mains ! (*Il ouvre en tremblant la boîte qui renferme un portrait.*) Elle !... c'est bien elle !... Oh ! misérable d'Almont, tu paieras de ton sang cette infâme calomnie... et ne crois pas m'échapper cette fois... Non, je sens à la rage qui dévore mon cœur... que mon épée ne trompera pas ma ven- geance... Partons, attachons-nous à ses pas... et dussé-je le frapper aux yeux de tout son régi- ment... il se battra ; cet homme... et je le tuerai.

GERTRUDE.

Ah ! mon Dieu ! qu'y a-t-il donc ?

HONORAT.

Mon ami, calmez-vous ; une pareille agitation...

ESTÈVE.

Laissez-moi... laissez-moi... Je veux... je dois partir... mon épée... mon épée... par grâce... Ah ! ah ! mes forces me trahissent.

HONORAT.

Du secours ! du secours !

On s'empresse autour de lui. Marie seule reste isolée et le contemple d'un œil égaré.

ESTÈVE, *s'évanouissant.*

D'Almont ! d'Almont ! tu m'échappes encore.

Il tombe entre les bras de Bénédict et d'Honorat, tandis que Gertrude lui fait respirer des sels ; dans ce mouve- ment rapide, le portrait a roulé à terre ; Marie s'en empare et le regarde avec avidité ; puis elle pousse un cri étouffé.

MARIE.

La marquise de Torcy !... ah !

On entend la marche militaire qui s'éloigne.

ACTE DEUXIEME.

Un salon riche. Trois portes au fond donnant sur un parc ; portes latérales ; à droite, un canapé et une toilette ; à gauche, une petite table et tout ce qu'il faut pour écrire ; fauteuils et chaises.

SCENE PREMIERE.

LA MARQUISE, INÈS.

La Marquise est assise devant la toilette ; Inès achève de la parer.

LA MARQUISE.

Est-ce fini ?

INÈS.

Ces perles blanches sur votre noire chevelure... Maintenant, senora, votre parure est complète, et vous pouvez attendre la visite de M. le premier président.

LA MARQUISE.

Ah ! tu as beau faire, je ne suis plus coquette... Ne trouves-tu pas que j'ai l'air souffrant ?... ma pâleur ?...

INÈS.

Un peu de rouge la déguisera.

LA MARQUISE.

Pauvre Inès... tu ne te donnais pas tant de peine autrefois pour me rendre belle.

INÈS.

Quand on vous appelait la plus belle de Ma- drid.

LA MARQUISE.

Madrid ! l'Espagne !... Oh ! ne reverrons-nous jamais l'Espagne ?

INÈS.

Peut-être un jour, senora.

LA MARQUISE.

Un jour !... mais c'est l'éternité, c'est la mort... Ici, comme tout est froid... glacé... personne... personne qui sache me comprendre... toujours un cercle de plomb... l'étiquette... qui se place entre mes affections... me dessèche l'ame... et me jette au cœur des pensées de haine contre ce monde égoïste... personne encore qui m'ait aimée... (*A part.*) Pas même lui !

INÈS.

Chère maîtresse... chassez ces sombres idées... qui obscurcissent votre front... pâlissent votre visage, et font perdre à vos yeux une partie de leur éclat... depuis quelque temps, surtout.

LA MARQUISE.

O ciel !... aurait-on remarqué ?... Le président, peut-être... cet homme dont le regard inquisi-

teur semble lire jusqu'au fond de mon ame... Oh!
que n'y a-t-il lu déjà l'aversion qu'il m'inspire,
et que ne m'a-t-il laissée fuir loin de lui, avec mon
fils... le seul amour, la seule croyance qui me
reste aujourd'hui.

INÈS.

Fuir en Espagne! quel bonheur!

LA MARQUISE.

Chimères! le devoir m'enchaîne ici... je dois
vivre et mourir en France... plus d'espoir de revoir la patrie... jamais je ne briserai les chaînes
de l'esclavage... (à part) ni celles du remords.

Elle tombe absorbée.

UN DOMESTIQUE, entrant.

M. le premier président sollicite de madame la
marquise l'honneur de se présenter devant elle.

LA MARQUISE.

Je suis prête à le recevoir. (Le domestique s'incline et sort. A Inès.) Va, Inès... va, mon enfant, tu n'es pas condamnée à sa froide présence,
toi.

Inès lui baise la main et sort.

SCENE II.

LA MARQUISE, LE PRÉSIDENT.

Le domestique l'introduit, et, avant de sortir, Inès lui
avance un siége auprès de la marquise.

LE PRÉSIDENT.

Eh bien, madame la marquise, toujours triste,
toujours rêveuse?... mes soins ne pourront donc
jamais parvenir à vous distraire?

LA MARQUISE.

Mais, monsieur...

LE PRÉSIDENT.

Sans aucun doute, je n'attribue l'état de votre
ame qu'à un motif honorable... cependant, j'aurai à ce sujet quelques observations et même
quelques reproches à vous adresser.

LA MARQUISE.

Mon devoir est de les écouter avec résignation,
monsieur.

LE PRÉSIDENT.

Votre époux, madame, était un des plus nobles
gentilshommes du royaume... d'une des premières
maisons du Dauphiné... comptant parmi ses aïeux
grand nombre d'hommes illustrés par les armes et
par les hautes dignités de la magistrature, lui-même
fut chargé par sa majesté Louis XIII d'aller le re-
présenter auprès du roi d'Espagne... c'est là,
madame, que le hasard fit votre alliance.

LA MARQUISE.

Achevez, monsieur.

LE PRÉSIDENT.

Mon fils n'est plus, madame; mais, en mou-
rant, il vous a légué une famille à aimer... et des
devoirs sacrés à remplir.

LA MARQUISE.

Je ne vous comprends pas, monsieur.

LE PRÉSIDENT.

Je veux dire que le monde voit avec peine cette
solitude obstinée... on prétend... que les larmes
peuvent compromettre une vie nécessaire au bonheur de votre enfant... on ajoute que cette douleur bourgeoise est indigne de la veuve du marquis de Torcy... et qu'il faut enfin sortir de la retraite à laquelle vous vous êtes condamnée... et
venir reprendre dans le monde la place qui vous
y attend.

LA MARQUISE.

Dans le monde!... Et qu'irais-je y faire?... Oh!
je vous conjure... laissez-moi seule ici... veiller
sur mon fils... sa santé est si faible... si débile...
il a besoin de tous les soins de sa mère... D'ailleurs je souffre aussi, moi... Ne voyez-vous pas sur
mes traits les traces de la maladie?

LE PRÉSIDENT.

En effet, je n'ai pas attendu jusqu'à ce jour
pour en faire la remarque; mais j'espère que
bientôt... grâce aux distractions du monde... et à
la science de maître Honorat, votre médecin, que
j'ai fait prévenir...

LA MARQUISE, avec effroi.

Maître Honorat!... mais je ne l'ai pas demandé,
moi, monsieur...

LE PRÉSIDENT.

Je n'ai fait qu'accomplir un devoir. Vous le re-
cevrez, madame; et quant à votre enfant... si
c'est un air plus pur... plus sain qu'il lui faut...
nous l'enverrons à la campagne.

LA MARQUISE.

Me séparer de mon fils!... vous ne le voudrez
pas... vous ne l'oserez pas, monsieur.

LE PRÉSIDENT.

Le médecin, madame, décidera si cela est nécessaire.

LA MARQUISE.

Oui, le médecin décidera s'il est temps de laisser s'éteindre la misérable vie de la mère, afin
que tous ses biens, passant sur la tête de son fils,
viennent naturellement augmenter le patrimoine
d'une famille étrangère... dût ce fils périr à son
tour, lorsqu'on pourra se passer de son existence.

LE PRÉSIDENT.

Ah! madame, une telle pensée... Par bonheur,
mon caractère me met à couvert de ces suppositions déshonorantes, et si jamais des questions
d'intérêt sont venues se placer entre nous... c'est
qu'elles me furent suggérées par le souvenir du
marquis de Torcy, à qui vous fîtes, je crois, une
promesse solennelle...

LA MARQUISE.

Je ne l'ai pas oubliée, monsieur... et quoique je
ne me croie engagée par aucun serment... vous
serez satisfait... Il y a quelques jours, j'ai chargé
mon avocat de rédiger les clauses du contrat, et
j'attends.

LE PRÉSIDENT.

Ainsi, vous signerez...

LA MARQUISE.

Je signerai; mais vous me laisserez mon enfant.

~~~~~~

SCENE III.

LES MÊMES, INÈS, *puis* MARIE *et* BÉNÉDICT.

INÈS.

Un jeune homme, suivi d'une jeune fille, demande la faveur d'être admis devant monsieur le premier président.

LE PRÉSIDENT.

Leurs noms?

INÈS.

De la part de maître Alvart.

LA MARQUISE.

De la part de maître Alvart?... qu'ils entrent.

Inès se retire. Marie et Bénédict entrent ; Marie est très-pâle; elle a beaucoup souffert.

BÉNÉDICT, *bas à Marie.*

Du courage... mademoiselle Marie, du courage... je suis là, moi.

MARIE, *voyant la marquise.*

La voilà !

LA MARQUISE, *à part.*

Quelle est donc cette jeune fille ?

LE PRÉSIDENT.

Approchez... approchez... et dites à madame la marquise qui vous êtes, et ce qui vous amène.

BÉNÉDICT.

Qui je suis?... mademoiselle Marie... la cousine de maître Alvart, l'échevin... et l'avocat de madame la marquise... Ah ! et moi, Bénédict... qualités... clerc de la basoche, servant de secrétaire à maître Alvart.

LA MARQUISE.

Mais pourquoi maître Alvart n'est-il pas venu lui-même ?

BÉNÉDICT.

Par une bonne raison, madame la marquise... c'est qu'il y a huit jours qu'il n'est plus à Grenoble.

LE PRÉSIDENT.

Comment ?

BÉNÉDICT.

Ah! mon Dieu oui !... monsieur le premier président... c'est même une chose étonnante... Il était à peine relevé d'une chute dangereuse... et on lui avait bien recommandé le repos... c'est pour cela qu'un matin il a disparu, sans prévenir personne... et depuis, nous n'avons plus entendu parler de lui.

LE PRÉSIDENT.

Voilà qui est bizarre... et à quelle époque précise ?...

BÉNÉDICT.

C'était le lendemain du départ du Royal-Béarnais.

LA MARQUISE, *frappée.*

Ah !

LE PRÉSIDENT.

Et aucun indice n'a pu vous mettre sur les traces de maître Alvart ?

BÉNÉDICT.

Aucun, monsieur le premier président... Cependant, au moment de partir, il avait laissé un mot d'écrit entre les mains de cette bonne vieille mère Gertrude... Mais ne voilà-t-il pas que tout-à-coup la pauvre femme... qu'est-ce qui aurait dit ça... c'est à fendre le cœur... (*Il pleure.*) Excusez, monsieur le premier président, et vous madame la marquise ; et vous, mademoiselle Marie, ne pleurez donc pas comme ça... Que diable... les infirmités... le grand âge... ça peut arriver à tout le monde. Demandez à monsieur le premier président...

LE PRÉSIDENT.

Enfin...

BÉNÉDICT.

Enfin, monsieur le premier président, quand le malheur se met dans une famille... il y est bien... si bien... que cette nuit... à la suite d'une attaque subite... la pauvre mère Gertrude... la vieille servante de la famille Alvart... de père en fils... a rendu son ame au bon Dieu... (*Il pleure.*) Une si digne femme!...Ne pleurez donc pas comme ça, mademoiselle Marie.

LA MARQUISE.

Infortunée jeune fille !

BÉNÉDICT.

Ah ! oui, infortunée... car à présent que Mlle Marie est seule sur la terre... sans parens... sans amis... car, moi... je ne compte pas... elle a pris la résolution d'entrer au couvent.

MARIE.

Oh ! oui, c'est là mon seul refuge.

BÉNÉDICT.

De sorte, monsieur le premier président, qu'au moment de rendre à Mlle Marie le dernier service de la conduire chez les sœurs de la Visitation, j'ai pensé que mon devoir était d'abord de remplir les intentions exprimées par maître Alvart dans son billet à la défunte mère Gertrude... et je vous apporte de sa part, ainsi qu'à madame la marquise, ces papiers laissés sur son bureau.

LE PRÉSIDENT.

Donnez... Ah ! fort bien... ce sont ces papiers que Mme la marquise attendait avec impatience... Je vais les visiter... suivez-moi.

BÉNÉDICT, *avec embarras.*

C'est que, monsieur le premier président... Mlle Marie...

MARIE.

Allez, Bénédict, allez... avant de dire au monde un éternel adieu, moi, j'ai à demander les sages avis d'une noble dame, dont tout Grenoble vante la piété.

LA MARQUISE, *à part.*

Pauvre enfant... et c'est à moi!...

LE PRÉSIDENT.

Vous avez raison, jeune fille... Les conseils
~~~~~~

d'une dame vertueuse ramèneront le calme dans votre ame... Adieu.

BÉNÉDICT, *bas à Marie.*

Vous n'avez donc plus besoin de moi... sans façon... Alors, que Dieu vous conduise.

Il sort avec le Président.

SCENE IV.

LA MARQUISE, MARIE.

LA MARQUISE.

Eh bien! mon enfant?

MARIE.

Madame?

LA MARQUISE.

Approchez... davantage... encore plus près.

MARIE, *à part.*

O mon Dieu! aurai-je le courage...

LA MARQUISE, *l'examinant.*

Une figure intéressante... des yeux accoutumés aux larmes. (*Haut.*) N'ayez aucune crainte... asseyez-vous... Je serai bonne pour vous, chère enfant... Marie, je crois?

MARIE.

Oui, madame.

LA MARQUISE.

Et peut-on vous demander quel âge vous avez?

MARIE.

Seize ans.

LA MARQUISE.

Seize ans .. et déjà seule au monde!

MARIE.

Seule, madame, tout-à-fait seule... tout me fuit, tout m'abandonne.

LA MARQUISE.

Oh! pas tout le monde, pauvre jeune fille... car moi, je veux vous rendre au bonheur... (*A part.*) Dieu m'en saura gré peut-être.

MARIE.

Eh quoi! vous parlez de me rendre au bonheur? (*Elle se lève et regarde fixement la marquise.*) Mais vous-même, madame, êtes-vous heureuse?

LA MARQUISE, *se levant vivement.*

Moi! cette question... que voulez-vous dire?

MARIE.

Vous êtes une riche et noble dame, et vous vous croyez sans doute à l'abri des coups du sort... Attendez, madame, attendez... avec des perles au cou et des diamans au front, on a bien souvent des larmes dans les yeux. (*Pleurant.*) Le bonheur!... ah! moi, je n'y crois plus.

LA MARQUISE.

Si jeune, et pas une espérance au fond du cœur?

MARIE.

Pourtant, les premières années de ma vie s'écoulèrent si calmes et si douces... je ne voyais que la félicité de ceux qui m'entouraient... Le monde, c'était ma famille... une sœur chérie, une bonne tante... une seconde mère... et son fils, mon fiancé... que j'aimais de toutes les forces de mon ame.

LA MARQUISE.

Eh bien, qui donc est venu jeter l'adversité au milieu de vous?

MARIE.

Un infâme... nous apporta la désolation... le déshonneur... Béatrix... ma sœur, nous fut enlevée par le misérable qui l'avait séduite.

LA MARQUISE.

Et son séducteur, c'était...

MARIE.

Georges d'Almont.

LA MARQUISE.

D'Almont! (*A part.*) C'était sa sœur!

MARIE.

Depuis ce temps, le malheur s'est appesanti sur moi... Estève, ne consultant que son courage, provoqua le ravisseur, et ce n'était pas pour une femme déshonorée qu'il jouait ainsi sa vie... ce n'était pas pour sa mère tuée par la fuite de Béatrix... non, c'était pour moi, pour moi seule, sa fiancée; car il ne voulait pas que je pusse rougir devant l'homme qui avait flétri ma sœur.

LA MARQUISE.

Être aimée ainsi... mais cela console de tout.

MARIE.

Oui, il m'aimait alors... j'étais son seul amour... j'attendais avec confiance qu'il me dît : Marie, sois à moi pour toujours... Pauvre folle!... ne vous l'ai-je pas dit... madame? le malheur s'est appesanti sur moi... Béatrix, ma sœur, a disparu de Grenoble sans que l'on sache...

LA MARQUISE.

Ah! l'on ne sait pas encore?...

MARIE.

On suppose qu'elle aura suivi Georges d'Almont.

LA MARQUISE, *à part, et avec une rage concentrée.*

Oh! non, d'Almont ne la reverra pas.

MARIE.

Mais vous croyez peut-être qu'Estève s'est mis à leur poursuite pour compléter sa vengeance... Détrompez-vous, un nouveau sentiment le guide... car ce n'est plus moi qu'il aime maintenant... une autre femme m'a ravi son amour... Mais il sait que cette femme lui préfère un autre homme, et c'est pour se venger qu'il est parti... Et il se vengera, madame... car si son amour pour cette femme est sans bornes... sa haine n'en sera que plus implacable.

LA MARQUISE.

Et le nom de cette femme, le sais-tu?

MARIE.

Peut-être m'aiderez-vous à le reconnaître.

LA MARQUISE.

Que veux-tu dire?

MARIE.

Écoutez... vous vous rappelez sans doute le départ de ce régiment... le Royal-Béarnais...

LA MARQUISE.

Eh bien?

MARIE.

C'est de ce jour que je sais la trahison d'Estève... je m'étais retirée au milieu de la nuit,.. je le croyais seul... travaillant dans son cabinet... Tout-à-coup j'entends un bruit confus...

LA MARQUISE, *à part.*

O mon Dieu!

MARIE.

Un instinct de jalousie me guide dans l'appartement... plus de lumière,.. Estève sortait... Mais il n'était pas seul... oh! je ne m'étais pas trompée... c'était bien la voix d'une femme que j'avais entendue... car voilà ce que je trouvai sur ses traces.

LA MARQUISE, *reconnaissant sa mitaine, va pour l'arracher des mains de Marie.*

Cette...

MARIE.

La reconnaissez-vous, madame?

LA MARQUISE, *réprimant son premier mouvement.*

Moi, non... je ne sais...

MARIE.

Vous pâlissez pourtant... Les grandes dames savent dissimuler, dit-on,.. mais pas assez pour l'œil d'une amante.

LA MARQUISE.

Prends garde, enfant.

MARIE.

Pourquoi donc? vous m'avez demandé le nom de cette femme... Eh bien! marquise de Torcy, le savez-vous, maintenant?

LA MARQUISE.

Jeune fille, oublies-tu à qui tu parles? oublies-tu que tu es dans mon hôtel?... Imprudente!... Ah! je compatis à tes souffrances, je veux sécher tes larmes... et toi, tu m'insultes... tu m'outrages!...

MARIE.

Oui, car je vous hais, et je me vengerai.

LA MARQUISE, *avec un sourire de pitié.*

Toi!

MARIE.

Oui, moi, faible enfant... je me vengerai de vous... toute puissante que vous êtes... Et grâce à cette preuve,.. (*elle lui montre la mitaine*) tout le monde saura...

LA MARQUISE.

Pas un mot... jeune fille... pas un mot... Cette preuve, il me la faut.

MARIE.

Jamais.

LA MARQUISE.

Rends-la-moi, te dis-je, rends-la-moi, ou malheur...

Elle lui saisit fortement le bras.

MARIE.

Madame... ah! vous me faites mal.

La porte du fond s'ouvre, et Honorat paraît.

HONORAT.

Que vois-je?

MARIE, *s'échappant des mains de la Marquise.*

Mon ami... protégez-moi.

<hr>

SCENE V.

LA MARQUISE, MARIE, HONORAT.

HONORAT.

Vous protéger, Marie... contre qui?

MARIE.

Contre elle.

HONORAT, *à la marquise.*

Madame, daignez m'expliquer...

LA MARQUISE, *avec un reste d'embarras.*

Je ne sais, cette jeune fille est insensée.

MARIE.

Oh! non, madame, je ne suis pas une insensée... Je sais que c'est vous qui m'avez enlevé le cœur d'Estève.

HONORAT.

Marie, qu'osez-vous dire?

MARIE.

La vérité.

HONORAT.

Eh quoi?... je venais croyant que la santé de Mme la marquise réclamait tous mes soins, et c'est vous, malheureuse, qui avez besoin de mon secours...

MARIE, *avec douleur.*

Et vous aussi, vous dites : Elle est folle... Ah! vous ne me croyez pas; car vous ne savez pas comme moi... qu'une réputation de vertu est un manteau qui peut cacher bien des infamies.

HONORAT.

Marie!...

LA MARQUISE, *reprenant sa dignité.*

Je lui pardonne; la douleur l'égare... Emmenez-la, maître Honorat... votre science lui sera plus utile qu'à moi... Je suis bien... très-bien... (*A Marie.*) Plus tard, jeune fille... vous me rendrez plus de justice... quand vous aurez retrouvé le calme qui vous est si nécessaire... dans la solitude d'un couvent.

HONORAT.

Au couvent! elle?

MARIE, *avec tristesse.*

N'est-ce pas le seul asile qui me reste?

HONORAT.

Marie, vous oubliez la maison du vieux docteur?... Venez, mon enfant... venez avec moi... je suis seul... Eh bien! j'aurai une famille... je serai votre père.

MARIE.

Vous ne me repousserez pas, vous?

HONORAT.

Jamais, ma fille.

MARIE, *se jetant dans ses bras.*

Ah! je ne suis plus seule au monde!

HONORAT, *à la marquise.*

Madame la marquise, daignez excuser la douleur de cette enfant... Bientôt, je l'espère, elle reconnaîtra ses torts envers vous... Je l'emmène... Marie... vous n'irez pas au couvent.

LA MARQUISE.

Il m'importe peu... mais emmenez-la... emmenez-la sur-le-champ.

MARIE, *jetant un regard de colère sur la marquise.*

Il a raison, pas encore au couvent...

Ils sortent.

SCENE VI.

LA MARQUISE, INÈS; *puis* ESTÈVE.

LA MARQUISE, *d'abord seule, retombe accablée sur un canapé.*

Ah! cette jeune fille m'a fait trembler... Que m'a-t-elle appris?... Maître Alvart!... Ah! s'il revient, je suis perdue! Avec un amour tel que le sien... je le sais, moi... la jalousie est une passion terrible... Ah! mon Dieu! sauvez-moi, sauvez l'honneur de mon fils... Si vous me punissez... prenez au moins pitié de mon enfant... Ah! j'étouffe... de l'air... Inès... Inès.

Elle saisit une sonnette; Inès accourt.

INÈS.

Senora... grand Dieu! qu'avez-vous? Senora, voulez-vous que j'appelle?...

LA MARQUISE.

Non, non, ce n'est rien... la chaleur... (*Elle revient à elle.*) Ah! je suis mieux... un peu d'air... ouvre cette porte.

Inès s'avance vers la porte du fond, qui s'ouvre brusquement, Estève paraît.

INÈS, *reculant.*

Un homme!

LA MARQUISE.

Estève!

ESTÈVE, *pâle et défait, ses habits en désordre, s'avançant lentement jusqu'auprès de la marquise.*

Madame, il faut que je reste seul avec vous.

LA MARQUISE, *à Inès.*

Laisse-nous.

INÈS.

Mais, senora...

LA MARQUISE.

Je l'exige.

Inès sort.

SCENE VII.

LA MARQUISE, ESTÈVE.

LA MARQUISE.

Maître Estève, nous sommes seuls.

ESTÈVE.

Merci, madame, je n'ai que quelques momens à jouir du bonheur de votre présence... et après... un éternel adieu...

LA MARQUISE.

Ciel!

ESTÈVE.

Mais avant de fuir la France, j'ai voulu revoir Grenoble... vous revoir, madame; j'avais tant de choses à vous dire...

LA MARQUISE.

Remettez-vous, monsieur.

ESTÈVE.

Oh! si vous saviez... j'ai là, sur le cœur, un doute... une pensée qui m'écrasent... Oh! non, cela n'est pas... cela ne peut pas être... vous êtes toujours la plus noble... la plus vertueuse des femmes.

LA MARQUISE, *à part.*

Que veut-il dire?

ESTÈVE.

Un homme vous avait souillée... flétrie par les propos les plus infâmes... Il avait dit que vous étiez sa maîtresse... oh! mais il en avait menti... (*Avec un accent terrible.*) Et je l'ai tué.

LA MARQUISE, *se dressant de toute sa hauteur.*

Vous avez tué d'Almont?

Elle retombe inanimée.

ESTÈVE, *la regardant avec des yeux égarés.*

Il disait vrai!... oh! mes beaux rêves! (*Il tire un médaillon de son sein, et le donne à la Marquise.*) C'est donc bien de vous qu'il tenait ce présent?... Reprenez-le, madame.

LA MARQUISE, *regardant le portrait.*

Il y a du sang.

ESTÈVE.

C'est le mien, madame... Plût à Dieu qu'il eût coulé jusqu'à la dernière goutte... je serais mort du moins en prononçant votre nom... Mais j'ai commis un crime en voulant vous venger... il est temps que la justice reprenne ses droits.

LA MARQUISE.

Que voulez-vous dire?

ESTÈVE.

Le duel est puni de mort... Le bourreau attend sa victime, et je ne veux pas le faire attendre.

LA MARQUISE, *à part.*

Grand Dieu! s'il allait parler!... Ah! je ne veux pas qu'il se livre!... (*Haut.*) Estève, vous m'aimez, je le sais; eh bien, je vous en conjure... en

expiation de cet amour, que je n'ai pas mérité...
conservez votre existence.

ESTÈVE.

Madame...

LA MARQUISE.

Oh ! ne me désespérez pas par un refus... vous
ne voudrez pas que je me reproche éternellement
votre mort... Mais qu'entends-je?... on vient;
dérobez-vous à tous les regards... cachez-vous...
dans cette chambre.

ESTÈVE.

A quoi bon?

LA MARQUISE.

Vous êtes ici chez moi... pensez-y donc... Estève, par pitié...

ESTÈVE.

C'est juste, votre honneur est intact, et ce n'est
pas à moi de le ternir, madame.

LA MARQUISE.

Là... là...

Elle lui indique un appartement voisin ; Estève s'y jette.

SCÈNE VIII.

LA MARQUISE, BÉNÉDICT.

BÉNÉDICT, *ouvrant brusquement une porte du fond
et apercevant Estève.*

Hein?... maître Estève!... (*Il referme la porte
et l'ouvre de nouveau presque aussitôt.*) Il n'y a
pas d'indiscrétion ?

LA MARQUISE.

Parlez, monsieur, qui vous amène?

BÉNÉDICT.

Pardon, madame la marquise... comme j'avais
déjà rencontré ici M. le premier président... (*A
part.*) Est-elle sucrée la senora! (*Haut.*) Madame
la marquise, j'ai bien l'honneur...

LA MARQUISE.

C'est bon.

BÉNÉDICT, *après avoir salué et restant à la même
place.*

Quelle nouvelle, pourtant!... qu'est-ce qui se
serait douté de ça?... la meilleure lame du régiment!... Madame la marquise, j'ai bien l'honneur...

LA MARQUISE.

Un instant... De qui parlez-vous?

BÉNÉDICT.

Du plus bel officier du Royal-Béarnais... Con-
naissiez-vous le chevalier d'Almont, madame la
marquise?

LA MARQUISE.

Monsieur...

BÉNÉDICT.

Moi, j'avais cet avantage... Eh bien, vous saurez, madame, qu'il a eu la maladresse de se laisser tuer.

LA MARQUISE, *cherchant à maîtriser son émotion.*

Ah!... Et c'était pour cette affaire que vous
vouliez voir M. le premier président?

BÉNÉDICT.

Précisément, madame la marquise... Tout-à-
l'heure, un soldat du Royal-Béarnais est arrivé
chez maître Alvart : il apportait l'ordre de pour-
suivre le meurtrier, dont le nom est sans doute
dans cette lettre.

LA MARQUISE, *à part.*

Ciel !

BÉNÉDICT.

Or, cet ordre était adressé au premier échevin
de la ville, et le premier échevin de la ville c'est
maître Alvart... lequel est absent de chez lui...
pour le moment... comme vous le savez... Je suis
donc venu prier M. le premier président de faire
procéder à l'enquête qui doit avoir lieu... par le
second échevin de la ville... et lui remettre ce
papier adressé à maître Estève... mais puisque
M. le premier président n'est pas ici...

*Pendant cette scène, Bénédict s'est dirigé insensiblement
vers la porte par laquelle est sorti Estève, et après les
derniers mots, il avance la main pour l'ouvrir.*

LA MARQUISE, *l'arrêtant.*

Eh bien, monsieur, où allez-vous?

BÉNÉDICT.

Je sors.

LA MARQUISE, *lui indiquant la porte par laquelle il
est entré.*

Voici la porte.

BÉNÉDICT.

Vous croyez?... ah! pardon... une distraction,
madame la marquise... ne vous dérangez pas, madame la marquise... (*A part.*) Si je pouvais m'assurer...

LA MARQUISE, *à part, et se croyant seule.*

Il n'y a plus à balancer... tout va se découvrir... et maître Estève seul pourrait... oh! non...
il faut qu'il parte...

Elle se met à une table et écrit vivement.

BÉNÉDICT, *à part.*

A-t-on jamais vu... cette grande dame qui le
cache... qu'est-ce qu'elle veut en faire... je vous
le demande?...

LA MARQUISE, *pliant sa lettre.*

Oui, c'est le seul moyen... (*Elle sonne; apercevant Bénédict.*) Eh quoi, monsieur, encore là?

BÉNÉDICT.

Madame... je... je réfléchissais... je me disais
que peut-être la présence de maître Estève... eût
été bien nécessaire à cette enquête...parce qu'un
premier échevin... Pourtant... et puis... et puis
je cherchais la porte que vous m'aviez indiquée...
Madame la marquise, j'ai bien l'honneur...

Même jeu que précédemment.

LA MARQUISE.

Monsieur, sortirez-vous enfin?

BÉNÉDICT.

Pardon, madame la marquise... toujours la distraction...

Inès entre.

LA MARQUISE.

Inès, cette lettre à son adresse... Ah !

Elle lui parle bas à l'oreille.

BÉNÉDICT, *à part.*

Après ça, je me serai peut-être trompé...

LA MARQUISE, *montrant Bénédict.*

Inès, conduis monsieur à l'appartement de M. le premier président.

BÉNÉDICT, *s'inclinant.*

Trop bonne, madame la marquise; c'est bien dommage que maître Alvart... (*A part.*) J'aurais pourtant bien voulu savoir... Allons donc, Bénédict, mon garçon... maître Estève vous l'a dit... vous n'êtes qu'un curieux.

Il sort avec Inès.

LA MARQUISE, *seule.*

Avant que cette enquête ait lieu... il faut qu'Estève soit hors des murs de Grenoble.

Elle va lui ouvrir.

SCENE IX.

LA MARQUISE, ESTÈVE.

LA MARQUISE.

Vous l'avez entendu, monsieur, une heure encore, et il ne sera plus temps.

ESTÈVE.

Madame la marquise, ma résolution est irrévocable... Je suis las de la vie, j'attends la mort... Peu m'importe qu'elle vienne de la main du bourreau, pourvu qu'elle vienne vite.

LA MARQUISE.

Mourir sur l'échafaud !... vous ne savez donc pas ce que c'est?... mais ce n'est pas seulement la vie qu'on perd, on perd aussi l'honneur... et votre honneur, Estève, ne vous appartient pas... il est celui de votre famille, de votre fiancée.

ESTÈVE.

Marie !... Oh ! je l'avais oubliée.

LA MARQUISE, *plus pressante.*

C'était auprès de vous qu'elle devait passer ses jours... c'était de vous qu'elle attendait le bonheur de sa vie entière... et en échange de tant de confiance dans vos sermens, elle n'obtiendra de vous que l'oubli ! en échange de l'amour sans bornes qu'elle vous a voué, vous ne lui léguerez que l'infamie !

ESTÈVE.

Madame !...

LA MARQUISE, *à part.*

Oh ! viendra-t-elle ?

ESTÈVE.

Mais qui vous a donné le droit, madame, de m'imposer une existence que vous m'avez rendue odieuse ?

LA MARQUISE.

Croyez-moi, Estève... Vous savez que je ne

puis partager votre amour; mais je ne veux pas que vous mouriez... Estève, vous vivrez, vous vivrez pour celle qui vous aime... à qui vous devez votre protection. (*A part.*) Elle ne vient pas, mon Dieu !... (*Haut.*) Ah ! vous n'hésiterez pas plus long-temps... vous aurez pitié, sinon de vous, de moi-même, qui suis à vos genoux... du moins de Marie.

ESTÈVE, *hésitant.*

Marie !...

LA MARQUISE, *entendant venir.*

Ah ! enfin !... (*A Estève.*) On vient... De grâce, maître Estève...

ESTÈVE.

Vous l'exigez, madame... Il faut donc me soumettre.

LA MARQUISE.

Ah ! tout sera prêt bientôt pour votre départ... Une voiture à mes armes vous conduira au-delà des portes de la ville... et mon blason protégera votre fuite; mais d'ici là...

ESTÈVE.

Ne craignez rien, madame... Je sais trop que ma présence ici ne compromettrait pas que moi seul.

Il rentre dans l'appartement voisin.

SCENE X.

LA MARQUISE, MARIE, HONORAT, *puis* INÈS *et* ESTÈVE.

HONORAT.

Est-ce bien vous, madame la marquise, qui avez voulu revoir cette jeune fille?... Selon vos désirs, elle a consenti à me suivre... Je vous l'amène, et si vous le permettez...

LA MARQUISE.

Restez, docteur, restez; vous n'êtes pas de trop ici... Quant à vous, mademoiselle, vous m'avez accusée de vous avoir enlevé le cœur de votre amant; vous m'avez gravement outragée par vos soupçons injurieux... J'avais à cœur de me venger; mais j'étais loin de penser que l'occasion viendrait si vite s'offrir à moi.

HONORAT.

Madame la marquise...

LA MARQUISE.

Maître Alvart a commis un crime que les lois punissent de mort.

MARIE.

Je le sais, madame... Toute la ville le sait aussi déjà... Et vous le laisserez condamner, n'est-ce pas?... C'est ainsi que vous vous vengez.

LA MARQUISE.

Marie, je me venge... en le sauvant.

MARIE.

Serait-il vrai?... Ah ! pardon, madame... je vous ai méconnue; mais j'étais folle... Oubliez tout, et qu'Estève vous doive son salut.

LA MARQUISE.

A vos accusations je devais une réponse... (*elle va ouvrir à Estève*) et cette réponse, la voilà.

MARIE, *se jetant dans les bras d'Estève.*

Estève !

ESTÈVE.

Marie !... généreuse enfant !... Pas un reproche pour mon ingratitude !

MARIE.

Y pensez-vous, Estève ? lorsqu'il nous faut songer seulement à vous sauver... Ah ! dans un pareil instant, je ne dois, je ne veux plus me souvenir du passé.

ESTÈVE.

Vous m'aimez donc encore ?

MARIE, *mettant la main sur son cœur.*

Oui, toujours !... (*A part.*) Comme un frère... (*Haut.*) Mais il faut fuir Grenoble... il le faut, je l'exige.

HONORAT.

Et moi, Estève, je vous en prie.

ESTÈVE.

Vous aussi, mon vieil ami ?

LA MARQUISE, *à part.*

Hésiterait-il encore ?

INÈS, *entrant.*

Madame, vos ordres sont remplis... Une voiture attend au bout du parc... Il n'y a pas un instant à perdre... Monsieur le premier président est sur mes pas ; il a l'air inquiet, agité.

LA MARQUISE, *à part.*

O ciel !... sait-il déjà... (*Haut.*) Partez sur-le-champ... partez, maître Alvart, et que Dieu veille sur vous !

ESTÈVE.

Adieu donc, madame.

MARIE.

Je ne vous quitte pas, mon ami, avant de vous savoir en sûreté.

ESTÈVE.

Bonne Marie !

HONORAT.

Estève !...

ESTÈVE, *lui serrant la main.*

Ah ! mon ami...

INÈS, *accourant de la porte du fond.*

Monsieur le premier président !

LA MARQUISE, *ouvrant une porte de côté.*

Par cette porte. (*Estève s'incline devant la marquise, et fait un geste d'adieu à Honorat. Il sort avec Marie ; Inès les précède.*) Enfin !... Ah ! mon Dieu ! je te remercie.

HONORAT.

Qu'est-ce donc, madame la marquise ?... vous tremblez.

LA MARQUISE.

Moi !... Oui, la crainte, le saisissement... (*Se jetant sur un sofa.*) Allons, maître, secondez-moi ; n'oubliez pas que vous êtes mon médecin.

Elle lui fait signe de s'asseoir à côté d'elle ; Honorat obéit, et lui prend la main

UN DOMESTIQUE.

Monsieur le premier président.

SCÈNE XI.

LA MARQUISE, HONORAT, LE PRÉSIDENT.

LE PRÉSIDENT, *un papier à la main.*

Madame la marquise avec maître Honorat !... A merveille ; continuez, docteur, continuez... (*A part.*) Que m'a dit ce jeune homme ?... (*Regardant autour de lui.*) Il n'y a nulle apparence...

HONORAT.

Monsieur le premier président me paraît fort affairé. (*A part.*) Pourvu qu'il ne se doute de rien !

LE PRÉSIDENT.

En effet, une assez triste aventure dont Grenoble s'entretient...

LA MARQUISE, *cherchant à maîtriser son émotion.*

Quoi donc, monsieur ?

LE PRÉSIDENT, *jetant les yeux sur le papier qu'il tient à la main.*

Un officier du Royal-Béarnais a été tué en duel par un habitant de cette ville... Mais qu'avez-vous donc, madame ?... vous paraissez dans une agitation...

HONORAT.

Oh ! rien... un peu de fièvre...

LA MARQUISE.

Et le nom de son adversaire, le sait-on ?

LE PRÉSIDENT.

Oui, madame, je sais le nom du meurtrier... C'est maître Alvart, votre avocat, le premier échevin de la ville de Grenoble... Mes fonctions, dans cette circonstance, seront pénibles ; mais je connais mes devoirs.

HONORAT, *à part.*

Et vous ne serez pas fâché de les remplir ?

LE PRÉSIDENT.

Les lois ont été méprisées par un homme dont la mission était de les faire respecter... Les lois seront sans pitié pour lui.

LA MARQUISE.

Mais il paraît que maître Alvart est absent de Grenoble.

LE PRÉSIDENT.

On prétend qu'il a osé y reparaître aujourd'hui... On assure même qu'il a eu l'audace de se montrer dans les environs de cet hôtel... Mais j'ai donné des ordres, et j'espère que bientôt... Tenez, c'est peut-être son arrestation que l'on vient m'annoncer.

SCÈNE XII.

LES MÊMES, UN ÉCHEVIN, PLUSIEURS HOMMES DE LOI, HABITANS *et* VALETS.

L'ÉCHEVIN.

Monsieur le premier président, je viens, au nom de mes concitoyens, vous dénoncer un crime abominable que le meurtre du capitaine d'Almont vient de mettre au grand jour.

LA MARQUISE, *tremblante.*

Ah! malheureuse!

HONORAT.

Madame la marquise...

Il remarque le tremblement de la marquise et l'examine avec attention, en tenant son bras.

L'ÉCHEVIN.

Tout-à-l'heure, selon vos ordres, je m'étais transporté à l'ancien logement occupé dans la ville par le capitaine d'Almont, afin de procéder à l'enquête ordonnée par vous, lorsqu'en ouvrant la porte d'un petit pavillon resté fermé depuis son départ, un affreux spectacle est venu s'offrir à mes yeux... Un cadavre gisait à terre, et ce cadavre, c'était celui de Béatrix Alvart.

LE PRÉSIDENT *et* HONORAT.

Béatrix Alvart!

L'ÉCHEVIN.

Elle avait été frappée d'un poignard qui a été reconnu pour avoir appartenu au capitaine... Cependant tout fait présumer que ce n'est pas lui qui a commis l'assassinat.

LE PRÉSIDENT.

Deux crimes à la fois... dans notre cité... ordinairement si paisible... Monsieur l'échevin... joignez vos efforts aux miens pour que justice soit faite.

TOUS.

Oui, justice!... justice!...

SCÈNE XIII.

LES MÊMES, BÉNÉDICT.

Il est pâle et tremblant, et tient à la main une mitaine ensanglantée.

BÉNÉDICT.

Justice!... vous avez dit... oui, justice... et c'est moi qui vous aiderai à l'accomplir.

TOUS.

Comment?

BÉNÉDICT.

Présent à l'ouverture du pavillon... je l'avoue... une certaine terreur s'était d'abord emparée de moi... je reculai... je fermai les yeux... Mais bientôt je me fis honte à moi-même... et j'entrai. Un angle du pavillon était resté dans l'obscurité...

j'eus le courage de traverser la pièce inondée de sang... pour aller ouvrir un volet... La lumière fit irruption, et mes yeux, un instant éblouis, ne tardèrent pas à distinguer un petit chiffon oublié auprès du cadavre... et ce chiffon, le voilà... c'est une mitaine... d'où je conclus que l'assassin doit être une femme.

TOUS.

Une femme!

HONORAT, *considérant la marquise.*

Que signifie?

BÉNÉDICT.

Oui, une femme... c'est déjà un indice... mais cela ne suffit pas.

L'ÉCHEVIN.

Les renseignemens pris sur les lieux du crime ont fait savoir que le capitaine d'Almont a été vu à l'entrée du pavillon, le soir même du départ du Royal-Béarnais... qu'il n'y est pas entré, et qu'après en avoir fermé soigneusement la porte... il en a remis les clefs au propriétaire en lui annonçant qu'il reviendrait bientôt... pour y mettre de l'ordre.

BÉNÉDICT.

Le soir du départ!... attendez donc que je me rappelle... oui... c'est cela... Pendant la bagarre... le capitaine s'est échappé... Je l'ai suivi... et... et... Ah! mon Dieu!

LE PRÉSIDENT.

Achevez!

Tout le monde l'entoure avec anxiété.

BÉNÉDICT.

Une femme... cette mitaine... l'église du couvent... oh! ce serait affreux!... et pourtant la coupable...

LE PRÉSIDENT.

Vous la connaissez?

BÉNÉDICT.

Oui.

LA MARQUISE, *épouvantée.*

Mon Dieu!

HONORAT, *à part.*

Comme elle est émue!

LE PRÉSIDENT.

Et c'est?

BÉNÉDICT.

C'est... c'est... (*En ce moment la porte qui a servi à la fuite d'Estève s'ouvre, et Marie paraît.*) Oh! non, non, impossible!...

Il recule épouvanté.

LE PRÉSIDENT, *suivant la direction de son regard.*

Cette jeune fille?...

BÉNÉDICT.

Ne m'interrogez pas.

LE PRÉSIDENT.

Quel soupçon!... Qu'on s'assure d'elle.

HONORAT, *quittant le bras de la marquise.*

Marie...

MARIE, *se précipitant vers lui.*

Mon ami!

SCENE XIV.

LES MÊMES, MARIE ; *puis* INÈS.

MARIE.

Que me veulent ces hommes ?

HONORAT.

Pauvre enfant... votre sœur est morte... victime d'un assassinat.

MARIE.

Béatrix, morte... Ma sœur ! se peut-il ?...

LE PRÉSIDENT.

Et l'on vous accuse de ce crime, dont vous aurez à répondre devant la justice.

MARIE.

Moi ! l'ai-je bien entendu ?... moi, avoir tué... Oh ! mon Dieu : tant de malheurs à la fois !... Tu veux m'éprouver, sans doute... que ta volonté soit faite !

HONORAT.

Mais qui donc osera se porter l'accusateur de cette jeune fille ?

MARIE.

Oh ! je le jure, mon ami, je suis innocente.

HONORAT.

Et moi, Marie, je suis prêt à faire le même serment.

BÉNÉDICT, *s'arrachant les cheveux.*

Maladroit infâme !...

MARIE.

Et personne pour me justifier... Ah ! si Estève était là...

BÉNÉDICT.

Maître Estève, dites-vous ?... Mais s'il peut vous justifier, il est ici, je l'ai vu.

MARIE.

Malheureux !...

LE PRÉSIDENT.

Qu'on le cherche, qu'on s'empare de lui.

MARIE, *se jetant devant la porte.*

Arrêtez !

HONORAT.

Marie, vous laisserez-vous condamner ?

MARIE.

Mais lui, ne l'est-il pas déjà ?

INÈS, *paraissant sur le seuil et s'adressant à Marie.*

Il est sauvé.

MARIE, *tombant à genoux.*

Sauvé... Ah ! mon Dieu... je te remercie.

HONORAT.

Elle est perdue !

LA MARQUISE, *à part.*

Innocente !... et moi... Ah ! je me fais horreur !

Elle retombe sur son siége ; le Président, d'un geste, ordonne aux officiers de justice de s'emparer de Marie.

ACTE TROISIEME.

Une prison ; l'entrée au fond ; à gauche, une autre porte ; de chaque côté de la scène, un escabeau.

SCENE PREMIERE.

LE GEOLIER, HONORAT.

HONORAT, *présentant un papier au Geôlier.*

Ordre de monsieur le premier président de lever le secret de l'accusée Marie Alvart.

LE GEÔLIER.

C'est bien, je vais la faire venir dans cette salle. Attendez.

Le Geôlier sort par la porte de gauche.

SCENE II.

HONORAT, *seul.*

Je suis enfin parvenu à l'arracher, cet ordre qui m'ouvre les portes de son cachot ! Depuis son arrestation, soumise au secret le plus rigoureux, Marie n'a pu communiquer avec personne, pas même avec son vieil ami, son père, car, malgré les charges qui l'accablent et la condamnent, elle est toujours ma fille. Non, non, Marie ne peut être coupable d'un forfait aussi horrible... et pourtant tout justifie l'accusation, oui, tout ; et d'abord cette mitaine trouvée sur elle et comparée à celle qui fut laissée par l'assassin près du cadavre... Quelle fatalité a donc amené cette preuve contre laquelle sont venues échouer les dénégations tardives de Bénédict ? Ah ! je m'y perds. C'est aujourd'hui qu'elle doit paraître devant ses juges, et ses juges rendront une sentence de mort en croyant frapper une coupable... Moi seul, je l'absous dans ma conscience, moi seul, je m'intéresse encore à elle... j'ai prié, sollicité, et tout le monde m'a repoussé, car personne ne peut avoir de pitié pour une fratricide. La marquise de Torcy elle-même, si charitable, si bonne d'ordinaire pour tous les malheureux, hésite à faire des démarches en faveur de Marie. La présence d'Estève eût pu jeter quelque jour sur cette malheureuse affaire; mais il est lui-même sous le poids d'une accusation capitale, et forcé de se cacher pour dérober sa tête à l'échafaud. Pour lui, du moins, j'ai l'espoir de le sauver, grâce à quelques amis puissans qui ont porté mes supplications au pied du trône. D'un jour à l'autre, aujourd'hui peut-être, je m'attends à recevoir des lettres de grâce. Oh! si cela était, si Estève pouvait reparaître à Grenoble et venir prendre la défense de sa cousine... mais je n'ose encore lui donner des espérances qui pourraient ne pas se réaliser; contentons-nous de lui offrir les consolations de mon amitié.

SCENE III.

HONORAT, MARIE, LE GEOLIER.

Marie entre accompagnée du Geôlier, qui sort aussitôt par le fond.

MARIE.

Mon ami!

Elle se jette dans les bras d'Honorat.

HONORAT.

Ma fille!

MARIE.

Je le savais bien, moi, que vous viendriez. Merci, mon ami, mon père... vous ne m'avez donc pas crue coupable, vous?

HONORAT.

Non, Marie, je n'ai pas douté un instant de votre innocence; mais ceux qui vous jugeront...

MARIE.

Croient qu'une sœur a pu se couvrir du sang de sa sœur; et pour quel motif, grand Dieu! la pensée seule d'un tel crime me serait-elle venue?

HONORAT.

Béatrix, disent-ils, avait déshonoré votre famille.

MARIE.

Et je l'ai tuée par vertu, n'est-ce pas?... Non, mon ami, je ne suis pas capable d'un effort aussi sublime. Je ne savais que pleurer sur le malheur de Béatrix et prier Dieu pour elle. J'aurais voulu lui tendre les bras pour la tirer de l'abîme; ma pauvre sœur! je l'aimais encore malgré son déshonneur, comment l'aurais-je assassinée? Voyez, mon ami, pendant les huit jours que j'ai passés au fond de ce cachot, j'ai bien souffert; les larmes ont creusé sur mes joues de profonds sillons; mais regardez, pouvez-vous y lire les traces du remords? Je sais que je dois périr victime des circonstances fatales qui m'accusent; du moins, je paraîtrai sans crainte devant Dieu, mon souverain juge.

HONORAT.

Mais il n'est donc aucune ressource ici-bas?...

Cette mitaine trouvée sur vous doit faire supposer au moins que vous savez...

MARIE.

Moi? non vraiment, je vous jure; seulement de vagues soupçons...

HONORAT.

Et ne puis-je les connaître?

MARIE.

Impossible, mon ami; ni vous, ni personne. Si j'osais parler, je serais perdue, et d'autres peut-être avec moi; mes juges traiteraient mon accusation d'extravagante folie. Allez, mon ami, maintenant rien ne peut me sauver, je prévois mon sort, et j'y suis résignée.

HONORAT.

Ah! je ne puis croire qu'il se trouve des juges pour condamner tant de vertu, tant d'innocence. Oh! que ne puis-je faire passer mes convictions dans leur ame!... Mais non, tout s'unit contre nous, pas une voix...

MARIE.

Il en est une, une seule peut-être, qui pourrait...

HONORAT.

Ah! parlez!

MARIE.

C'est celle de la marquise de Torcy.

HONORAT, à part.

Ne lui enlevons pas sa dernière illusion.

MARIE.

Tenez, mon ami, voici un mot préparé pour elle. Je lui demande une entrevue avant mon jugement; j'espère qu'elle me l'accordera.

HONORAT.

Et si elle refuse?

MARIE.

Alors, je me préparerai à paraître devant le tribunal des hommes, et bientôt devant celui de Dieu... mais elle viendra, je l'espère... (A part.) J'en suis sûre.

HONORAT.

Marie, ma fille... c'est aujourd'hui...

MARIE.

Aujourd'hui, oui; on me l'avait dit, mais je l'avais oublié. Mourir sans le revoir! vous ne me parlez pas de lui! vous ne savez donc rien?

HONORAT.

Rien encore, mon enfant, aucune nouvelle; mais j'espère qu'il est maintenant à l'abri du danger... A bientôt, Marie; je cours chez la marquise. Tu me reverras, ma fille... tu n'iras pas seule devant tes juges; je serai là pour soutenir ton courage.

MARIE, pleurant.

Oh! j'en aurai, mon père!

Honorat sort.

SCENE IV.

MARIE, seule.

Du courage, oui, j'en aurai, le courage du désespoir; car il ne me reste pas une espérance de salut. Je dois périr, périr sur l'échafaud; mon nom sera voué à l'exécration, et mon odieuse rivale continuera à jouir du respect et de la vénération du monde; elle se rira des menaces de sa victime et la laissera mourir... ou plutôt elle aura peur peut-être, l'orgueilleuse marquise, elle viendra s'humilier devant moi... Ah! ne craignez rien, madame, je me tairai... je le sais, je vous accuserais en vain, on crierait à la calomnie. Dormez en paix, si le remords ne s'y oppose; et puis le cœur d'Estève est à jamais perdu pour moi... sans l'amour d'Estève, que ferais-je sur la terre?... Ah! vous le voyez, je n'ai plus qu'à mourir.....

Elle tombe absorbée dans sa douleur.

SCÈNE V.

MARIE, BÉNÉDICT, LE GEÔLIER.

BÉNÉDICT, *au Geôlier.*

Merci, brave homme: voici tout ce que je possède, et je voudrais en avoir plus. Allez, il faut que je lui parle seul. (*Le Geôlier sort.*) La voilà! Ah! je ne puis la voir sans pleurer et sans éprouver le plus profond mépris pour moi, des pieds à la tête. Allons, allons, il n'y a pas à balancer... à genoux, misérable, à genoux! on ne parle pas debout aux anges.

Il tombe à deux genoux au pied de l'escabeau.

MARIE.

Bénédict!

BÉNÉDICT.

Oui, mademoiselle Marie, Bénédict, votre assassin, votre Judas qui vous a trahie, qui vous a livrée, mais qui déteste à présent son ouvrage, et qui restera là, à vos pieds, jusqu'à ce qu'il ait obtenu son pardon.

MARIE.

Bénédict, mais ce n'est pas vous... les circonstances seules... la fatalité... les desseins secrets de la Providence... je ne vous en veux pas; relevez-vous, mon ami!

BÉNÉDICT.

Votre ami!... moi, votre ami!... Ah! un pareil mot dans votre bouche, vrai, ça me fait mal, ça, me suffoque... j'aimerais mieux vos reproches; je m'y attendais, ça allait tout seul; et puis jamais vous ne m'auriez adressé autant d'injures que je m'en étais adressé à moi-même... mais des amitiés... ah! tenez, mademoiselle Marie, reprenez-les, maudissez-moi plutôt, c'est tout ce que je mérite.

MARIE.

Pauvre Bénédict! ah! je vous plains!

BÉNÉDICT.

C'est déjà quelque chose, et j'aime mieux ça. Et dire que maître Alvart avait prévu tout ça, quand il me disait avec tant de bonté: Bénédict, mon garçon, prends garde, car tu as là une vilaine curiosité qui t'induira à mal. Le fait est que, si je n'avais pas été curieux, je n'aurais pas été tenté de vous suivre le jour de cette fameuse nuit où vous sortiez de l'église de la Visitation.

MARIE.

Moi! Grand Dieu! qui a pu vous dire?

BÉNÉDICT.

Maître Estève lui-même.

MARIE.

Estève!... Oh! lui!....

BÉNÉDICT.

Il y avait erreur?... j'en étais sûr... car à présent, voyez-vous, à présent que vous êtes accusée, vous, mademoiselle Marie, d'avoir commis un meurtre; bien plus, à présent qu'il y a des preuves pour justifier la chose... eh bien, on viendrait me dire que j'ai tué hier le premier président, ou le cardinal de Richelieu... parole d'honneur, je ne serais pas éloigné de le croire.

MARIE.

Que voulez-vous, mon ami? Dieu le veut... il faut s'y soumettre.

BÉNÉDICT.

Dieu le veut, c'est possible... mais moi, je ne le veux pas.

MARIE.

Comment?

BÉNÉDICT.

Ah! vous avez cru, sans doute, qu'après avoir commis une gaucherie, Bénédict resterait de là, les mains dans ses poches, pour voir venir le parlement et toute la boutique! Que nenni! je me serais plutôt coupé en quinze quartiers, et je les aurais jetés les uns après les autres dans l'Isère.

MARIE.

Mais enfin...

BÉNÉDICT.

Voilà. Quand votre arrestation a eu lieu, j'étais quasi comme fou, comme imbécile, et pourtant, à travers ma stupidité, j'avais conservé assez de bon sens pour saisir une parole qui vous est échappée: Si Estève était là, avez-vous dit? Et moi, je me suis dit ensuite: Il faut qu'Estève soit là.

MARIE.

O ciel!

BÉNÉDICT.

Alors, je me suis mis en route, j'ai remué ciel et terre, eau et feu, ville et parlement, et j'ai tant fait des pieds et des mains que je suis parvenu à découvrir la retraite de maître Estève. Il était à quelques lieues de Grenoble, chez un fermier de la marquise, ignorant tout ce qui se passait ici, et ne pouvant pas même se douter de votre arrestation ni de l'événement du pavillon.

MARIE.

Achevez.

BÉNÉDICT.

Je le savais bien, moi... car sans cela. Ma foi, pas plus tard qu'hier, j'ai pris une plume, du papier, et grâce à un valet de la marquise que j'ai gagné en buvant avec lui....

MARIE.

Estève est prévenu, et il écrira pour essayer ma justification?

BÉNÉDICT.

Mieux que ça, il viendra.

MARIE.

Malheureux! qu'avez-vous fait?

BÉNÉDICT.

Hein? quoi? comment? encore une bévue!

MARIE.

Mais n'est-il pas lui-même condamné à mort pour avoir tué le capitaine d'Almont?... vous le livrez à ses bourreaux.

BÉNÉDICT.

Allons, bon... bien... que le ciel m'écrase tout de suite, ou sans cela, je livre mon père, je livre ma mère, je livre toute ma famille... je ne puis plus répondre de rien; c'est fini, on m'a jeté un sort.

MARIE.

Mais il est peut-être temps encore: courez.

BÉNÉDICT.

C'est juste. Par là, non... par ici... je n'y vois plus, j'ai le vertige. Ah! c'est lui... non... maître Honorat.

SCENE VI.

LES MÊMES, HONORAT.

HONORAT.

Marie, mon enfant, je suis heureux; car à travers tous nos chagrins je vous apporte une bonne nouvelle.

MARIE.

Quoi donc, mon ami?

BÉNÉDICT.

C'est impossible!

HONORAT.

Ah! vous ici, jeune homme?

MARIE.

Oh! ne le regardez pas ainsi, mon ami; il m'a demandé son pardon.

HONORAT.

Excellent cœur!

MARIE.

Mais apprenez-moi, de grâce...

HONORAT.

C'est d'Estève qu'il s'agit.

BÉNÉDICT.

Il est perdu!

HONORAT.

Non pas, il est hors de danger.

BÉNÉDICT.

Allons donc!

MARIE.

Est-il vrai?

HONORAT.

Oui, mon enfant: voici sa grâce que je reçois à l'instant.

MARIE.

Sa grâce!

HONORAT.

Je n'ai voulu vous en parler qu'après l'avoir obtenue... et, Dieu merci, le roi a été plus indulgent que monseigneur le cardinal: on a prouvé que maître Alvart avait loyalement croisé son épée contre celle du capitaine d'Almont, et que le hasard seul l'avait favorisé. De puissantes protections ont fait le reste.

MARIE.

Ah! merci, mon ami, merci; je vous devrai plus que mon existence, je vous devrai celle d'Estève.

BÉNÉDICT.

Ouf! ça me soulage d'un fameux poids.

MARIE.

Je pourrai donc le voir encore! car désormais il est libre de rentrer dans Grenoble, et il viendra avec moi devant mes juges pour prendre ma défense.

BÉNÉDICT.

Qui sait? il est peut-être en route, si le messager que je lui ai envoyé a fait diligence... Hein! comme j'ai été bien inspiré.

HONORAT.

Ah! j'oubliais, mon enfant; j'ai fait parvenir votre lettre à Mme la marquise.

MARIE.

Qu'a-t-elle dit?

HONORAT.

Je m'y attendais: elle n'a fait aucune réponse; mais n'importe, je vais agir, moi, et maintenant que le salut d'Estève est assuré, je vais tenter un dernier effort pour assurer le vôtre.

BÉNÉDICT.

Si vous avez besoin de moi, maître, vous n'avez qu'à parlez. Allez, allez, mademoiselle Marie; bon courage: nous vous sauverons... quand je devrais pour cela mettre toute la basoche en insurrection.

HONORAT.

Adieu, mon enfant, adieu.

MARIE, *se jetant dans ses bras.*

Adieu, mon père.

SCENE VII.

MARIE, *seule, s'agenouillant et joignant les mains.*

Estève est sauvé... Je n'ai plus rien à vous demander, mon Dieu; en échange de la vie d'Estève j'aurais fait le sacrifice de la mienne; prenez-la, s'il le faut; mais si je dois supporter le châtiment d'un crime que je n'ai pas commis, ne permettez pas que je meure sans l'avoir revu, c'est l'unique faveur que j'implore, et à ma dernière heure, je vous bénirai, mon Dieu!

SCÈNE VIII.

MARIE, LA MARQUISE, LE GEOLIER.

La Marquise arrive, accompagnée du Geôlier; elle est voilée.

LE GEÔLIER, *lui indiquant Marie.*

Voici l'accusée.

Il sort.

LA MARQUISE, *allant jusqu'à Marie, et ôtant son voile.*

Marie.

MARIE.

Ah! vous êtes venue, madame, vous avez donc eu peur?

LA MARQUISE.

Enfant, j'ai eu pitié de toi.

MARIE.

Est-ce bien le sentiment de la pitié que je lis dans vos yeux?... non, non, vous dis-je, vous avez eu peur.

LA MARQUISE.

Peur de toi, faible fille!... Mais quand bien même tes folles suppositions ne seraient pas le résultat d'une imagination en délire, je n'aurais qu'à vouloir, et demain, tu ne serais plus à craindre pour moi.

MARIE.

Oh! je le sais, madame, vous pouvez à votre gré dicter l'arrêt qui me condamne ou celui qui m'absout; un mot de vous peut faire tomber ma tête.

LA MARQUISE.

Mais aussi, un mot de moi peut vous sauver, et je viens vous sauver.

MARIE.

Me sauver, vous!

LA MARQUISE.

Oui, moi, Marie, qui n'ai pas de haine pour vous; moi, qui fus la cause involontaire de vos malheurs; moi qui vous aime et qui vous plains; oui, je veux réparer le mal que je vous ai fait... Marie, je veux que vous sortiez de cette horrible prison... vous serez libre, vous irez retrouver Estève... Estève, Marie, qui oubliera sa folle passion pour moi... Estève, que je n'ai jamais aimé.

MARIE.

Serait-il vrai?

LA MARQUISE.

Bientôt, Marie, il sentira tout le prix du trésor qu'il a dédaigné... son amour, il vous le rendra tout entier... je suis riche, puissante... mes bienfaits vous suivront partout.

MARIE.

Ah! madame, je n'ai besoin que de l'amour d'Estève.

LA MARQUISE.

Marie, tout ce bonheur-là peut encore être à vous.

MARIE, *à part.*

Je pourrais être l'épouse d'Estève!

LA MARQUISE.

Écoutez, mon enfant, je ne puis empêcher ce fatal jugement... mon pouvoir ne va pas jusque là... il faut vous résigner, Marie... vous serez jugée.

MARIE.

Mais si vous voulez, madame, ils m'absoudront

LA MARQUISE.

C'est impossible.

MARIE.

Alors, je ne vous comprends plus, madame.

LA MARQUISE.

Marie, vous serez condamnée; nier le crime dont on vous accuse serait inutile, il faut tout avouer.

MARIE.

Oh! jamais!

LA MARQUISE.

Il le faut, vous dis-je, et à cette condition, je vous en fais le serment devant Dieu, vous aurez votre grâce.

MARIE, *avec force.*

M'avouer coupable!

LA MARQUISE.

Oui, si vous tenez à la vie.

MARIE.

Ah! je vous devine enfin... voilà donc le secret de votre généreuse pitié... jusque là, j'avais douté... non, je ne pouvais le croire... l'évidence parlait, me disait: C'est elle! et moi, en présence de tant d'infamie et de lâcheté, je m'écriais: C'est impossible!... Mais vous voulez que je m'avoue coupable d'un crime qui n'est pas le mien... ah! vous avez de puissans motifs pour cela, madame la marquise... oui, je sais tout maintenant... c'est vous qui avez tué ma sœur.

LA MARQUISE.

Insensée!

MARIE.

Ah! ne m'approchez pas! sur vos mains je vois le sang de Béatrix... Retirez-vous, car vous m'épouvantez.

LA MARQUISE.

Tais-toi, malheureuse; ne repousse pas ma clémence, quand elle veut bien descendre jusqu'à toi... Marie, tes juges t'attendent, ose donc aller m'accuser devant eux!

MARIE.

S'ils me condamnent, marquise de Torcy, c'est devant Dieu que j'irai t'accuser.

LA MARQUISE, *effrayée.*

Devant Dieu!... (*A part*) O mon enfant! te léguer l'infamie... non, non, je ne puis... (*Haut.*) Songes-y bien, jeune fille, veux-tu vivre, veux-tu mourir?

MARIE.

La vie à ce prix... plutôt la mort!

LA MARQUISE.

Eh bien! meurs donc!

SCENE IX.

MARIE, LA MARQUISE, ESTÈVE.

ESTÈVE, *paraissant à la porte du fond.*

Elle ne mourra pas !

MARIE *et* LA MARQUISE.

Estève !

Marie se jette dans les bras d'Estève ; la Marquise se sou-
tient à peine.

ESTÈVE.

Non, Marie, ce n'est pas à vous de mourir; moi
seul je connais la personne qui a commis le crime,
et je viens la livrer.

LA MARQUISE.

Ciel !

ESTÈVE.

Marie, laissez-nous... bientôt...

MARIE.

Vous laisser ...

ESTÈVE.

Je vous le demande comme une grâce.

Il la fait sortir par la porte de gauche.

SCENE X.

LA MARQUISE, ESTÈVE.

LA MARQUISE, *d'une voix sourde et contractée.*

Ainsi, vous venez me livrer ?

ESTÈVE.

Ah ! avec moi, vous ne nierez donc pas ?

LA MARQUISE.

Vous voulez me perdre... mais n'aurez-vous pas
pitié de moi, de mon enfant ?

ESTÈVE.

Pitié de vous, madame, de votre enfant... mais
vous, avez-vous eu pitié de moi, de Marie, cette
pauvre créature, cette malheureuse victime...
que vous laissiez monter sur l'échafaud, innocente,
madame la marquise, entendez-vous, innocente ?

LA MARQUISE.

Oh ! je le jure devant Dieu, je l'aurais sauvée...
malgré elle, malgré tout le monde.

ESTÈVE, *avec amertume.*

Sauvée... vraiment oui... Je sais que la noble
marquise de Torcy jouit d'un crédit immense
qu'elle doit à sa haute position dans le monde, et
surtout à cette belle et brillante réputation qu'elle
mérite à de si justes titres... Elle n'a qu'un mot
à dire, et le condamné, la tête sur le billot, pourra
vivre encore de longs jours ; oui, Marie eût vécu,
parce que sa mort vous était inutile... Marie eût
vécu, car madame la Marquise est généreuse...
elle peut laisser déshonorer une petite bourgeoise,
mais la laisser tuer... oh ! non, ce n'est pas le
bourreau qu'elle charge de ce soin-là. Un crime
est commis, la fatalité jette l'accusation sur une
tête innocente, et la vraie coupable profite lâche-
ment du hasard qui la protège. Marie sera jugée,
condamnée, flétrie... Madame la Marquise lui vo-
lera son honneur, mais elle lui fera l'aumône de
la vie... la pauvre fille sera bannie du monde ; à
son oreille retentira éternellement le mot fratricide... mais la grande dame criminelle et hypo-
crite dormira tranquille sur sa réputation usurpée.

LA MARQUISE.

Estève, épargnez-moi... oui, je suis une infâme.

ESTÈVE.

Ah ! vous l'avouez donc enfin !

LA MARQUISE.

Oui, c'est moi qui ai commis le meurtre, qui ai
tué Béatrix... C'est moi qui devrais porter le châtiment, et pourtant je n'ai pas détrompé les accu-
sateurs de Marie. Mais, Estève, je ne suis pas aussi
misérable que vous le croyez... ne pensez pas que
ce soit par lâcheté... Tenez, voyez sur mon visage
les ravages du remords... Allez, Béatrix sera bientôt
vengée... ce n'est pas la peur de la mort, c'est
la crainte du déshonneur.

ESTÈVE.

Et notre honneur à nous, c'est si peu de chose,
n'est-ce pas, que vous vous êtes cru le droit d'en
faire bon marché ?

LA MARQUISE.

Mais ce n'est pas pour moi que je veux éviter
la honte d'un crime au prix d'un nouveau crime...
cet honneur que je défends, ce n'est pas le mien,
c'est celui de mon fils, Estève, que j'aime de tout
l'amour d'une mère, de cet amour qui survit à tous
les sentimens et vous tient lieu de tout... Mon enfant, qui me maudirait un jour, parce qu'en
échange de l'honneur que lui a légué son père,
moi, sa mère, je ne lui aurais transmis que la
honte et le malheur... N'est-ce pas, Estève, que
vous comprenez qu'une mère ne peut déshonorer son fils ?... Vous ferez comme moi, vous aurez pitié de mon enfant ?... Estève, tuez-moi, mais
ne me livrez pas au bourreau.

ESTÈVE.

Et c'est par amour pour un misérable que vous
en êtes venue là !... vous l'aimiez donc bien cet
homme qui ne vous a jamais aimée, lui ?

LA MARQUISE.

Si je l'aimais !... (*avec une rage concentrée*) si je
l'aimais !... mais quand ma pensée se reporte à cette
épouvantable tragédie, je ne sais encore si c'est
le remords ou la jalousie qui déchire mon cœur.

ESTÈVE.

Courbez la tête, marquise de Torcy, à genoux,
à genoux devant votre juge... Je veux tout savoir ;
répondez comme si Dieu vous interrogeait.

LA MARQUISE.

Estève !

ESTÈVE.

Eh bien, madame, j'attends vos aveux.

LA MARQUISE, *se traînant à ses genoux.*

Estève, grâce... merci !...

ESTÈVE, *avec force.*

Parlez, parlez donc, madame, ce sera votre pu-
nition...

LA MARQUISE.

Eh bien ! puisqu'il faut tout vous dire... oh !

mon Dieu, en aurai-je la force!... C'était la nuit du départ de d'Almont... j'avais reçu ses adieux... mais sa froideur, son embarras, avaient fait naître en moi un soupçon que je voulus éclaircir... Inspiration fatale!... la tête égarée... je cours au pavillon, témoin de ma honte... je croyais en avoir seule l'entrée... car je pensais être seule aimée de lui... comme moi, je l'aimais d'un amour sans partage... Mais quelle fut ma surprise, ma fureur, quand je me trouvai en face d'une rivale!.. c'était Béatrix... cette femme osa me braver... elle me menaça d'apprendre à toute la ville que j'étais la maîtresse de d'Almont... oh! l'imprudente!... Alors la jalousie, l'orgueil... j'étais folle... je ne sais comment cela se fit... mais un couteau se trouva sous ma main, je frappai... et je tombai inanimée... Quand je revins à la vie... un cadavre était là... à côté de moi... une odeur de sang... puis... puis... vous savez le reste... et maintenant... mon sort, ma vie... l'honneur de mon enfant... tout cela est entre vos mains, et j'attends mon arrêt.

ESTÈVE.

La voilà donc, cette femme que je révérais à l'égal de Dieu... cette femme à qui j'aurais donné ma vie pour lui épargner un outrage... Elle était souillée, avilie, et, sous le masque de la vertu, elle cachait le meurtre et l'adultère... Ah! vous avez été mon mauvais génie, madame... car vous avez brisé, non seulement mon bonheur... mais aussi celui d'une jeune fille qui m'aimait comme je vous ai aimée... et maintenant elle est à jamais perdue pour moi... L'amour fatal que vous m'avez inspiré m'a rendu indigne de sa tendresse.

LA MARQUISE.

Ah! monsieur!

ESTÈVE.

Debout, marquise de Torcy... debout, je suis assez vengé.... chassez cette rougeur qui couvre votre visage... que la honte et l'effroi y soient remplacés par le calme et la fierté d'une ame noble et pure... Reprenez votre masque, madame... vous avez peur de la mort et du déshonneur... ne craignez rien... vous ne mourrez pas... et le blason des Torcy ne sera pas flétri par le bourreau.

LA MARQUISE.

Quel langage!... Ah! monsieur, si ce n'est pas une ironie cruelle...

ESTÈVE,

Silence, madame... la justice vient chercher sa victime.

LA MARQUISE, *frémissant de terreur.*

Ah!

Elle recule jusqu'au bout du théâtre, Estève reste calme et impassible.

SCENE XI.

LES MÊMES, UN HUISSIER DU PARLEMENT, LE GEÔLIER, HONORAT ; *puis* MARIE, *quelques* SOLDATS *dans le fond.*

L'HUISSIER, *au Geôlier.*

Prévenez l'accusée qu'elle ait à comparaître devant le tribunal.

L'Huissier fait un pas.

ESTÈVE.

Arrêtez!

HONORAT.

Estève!

LA MARQUISE, *à part.*

Que va-t-il faire?

ESTÈVE, *à l'huissier.*

Vous demandez l'assassin de Béatrix Alvart?

LA MARQUISE, *saisissant le bras d'Estève et tombant presque à genoux.*

Estève...

ESTÈVE.

L'assassin de Béatrix Alvart, c'est moi!

LA MARQUISE.

Lui!

On entend un cri perçant, Marie paraît tout-à-coup et se précipite dans ses bras d'Estève.

MARIE.

Estève! ah!

Elle tombe inanimée ; Honorat la reçoit.

HONORAT.

Pauvre enfant!

ESTÈVE.

Ami, veillez sur elle. (*A l'Huissier.*) Marchons, monsieur. (*Regardant la marquise.*) Ah! elle souffre plus que moi!

ACTE QUATRIEME.

Une salle de l'hôtel du parlement. A gauche, les appartemens de la Marquise; à droite, la salle des séances; et au premier plan, une fenêtre s'ouvrant aussi sur la ville. Une table couverte de papiers; quelques siéges, un large fauteuil de malade. Le fond est occupé par une porte à deux battans vitrée et deux fenêtres en ogive laissant voir la galerie des remparts de l'hôtel. Dans le lointain, le panorama de la ville de Grenoble.

SCENE PREMIERE.

LE PRÉSIDENT, HUISSIERS DU PARLEMENT,

LE PRÉSIDENT, *occupé à écrire et à transmettre des ordres.*

Cet ordre à la prison... celui-ci au capitaine de service dans la ville... qu'on prévienne le prévôt et ses assesseurs... Ah! qu'on laisse pénétrer un chartreux dans le cachot du condamné pour recevoir sa confession. (*Les huissiers sortent pour faire exécuter ces ordres divers.*) Maintenant que nous avons donné tous nos soins à la chose pu-

blique, songeons un peu à nos affaires privées.
Toutes les calamités me menacent à la fois...
D'un côté, la maladie de la marquise, qui a fait
tout-à-coup d'effroyables progrès... et de l'autre la mort de son enfant, que tout le monde
ignore encore, excepté maître Honorat, que je
crois dans mes intérêts... Fasse le ciel qu'elle ne
l'apprenne que lorsqu'il ne sera plus temps de revenir sur cette donation, que je lui arracherai...
Ah ! le docteur.

SCENE II.

LE PRÉSIDENT, HONORAT.

LE PRÉSIDENT.

Je vous attendais avec impatience.

HONORAT.

Notre malade serait-elle plus mal?

LE PRÉSIDENT.

Je ne le pense pas; mais cette maladie est si
étrange... si bizarre... qu'il faut s'attendre à
tout.

HONORAT.

Et ignore-t-elle toujours l'affreux événement
qui répand la stupeur dans tout Grenoble?

LE PRÉSIDENT.

Quoi donc?... l'exécution prochaine de son avocat?... sans doute... mais...

HONORAT.

Ah ! tant mieux ! je n'aurais pu répondre de
l'impression d'une semblable nouvelle... une con-
damnation aussi imprévue... Il est vrai que les
aveux constans de l'accusé ont dû étouffer tous
les scrupules dans l'ame de ses juges... Il semblait prendre à tâche de s'accuser lui-même...
et quelques objections qui aient pu lui être faites
dans son propre intérêt, il a tout écarté et a toujours répondu avec assurance : C'est moi qui ai
tué Béatrix.

LE PRÉSIDENT.

Croyez-moi... cet homme a mérité son sort...
et ses juges ont fait leur devoir.

HONORAT.

Loin de moi la pensée de les accuser, mais il
me semble que leur jugement reçoit bien vite son
exécution... et qu'un sursis...

LE PRÉSIDENT.

Pourquoi donc toujours des délais?... N'y a-t-il
pas plutôt de l'humanité à abréger les souffrances
du coupable?... Les ordres de monseigneur le cardinal sont formels à cet égard... mais, en vérité,
docteur, c'est trop nous occuper d'un sujet étran-
ger à nos intérêts... Parlons de la marquise...
Que pensez-vous de son état?... dites-le-moi avec
franchise.

HONORAT.

Je n'ose encore me prononcer; cependant, la
nature épuisée...

LE PRÉSIDENT.

O ciel ! le danger serait-il donc si pressant?

HONORAT.

Je ne dis pas cela.

LE PRÉSIDENT.

N'importe, il n'y a pas de temps à perdre... vous
connaissez mes intentions... il faut que la marquise
consente aujourd'hui même à recevoir la visite
d'un notaire... afin que la mort prématurée de son
enfant ne puisse mettre obstacle aux effets de sa
volonté dernière... Vous m'entendez, docteur, et
vous ne doutez pas de ma reconnaissance.

SCENE III.

LES MÊMES, INÈS, *sortant de chez la marquise.*

INÈS.

Madame la marquise se sentant un peu plus
faible ce matin, demande à voir M. le docteur.

LE PRÉSIDENT.

Allez, maître, allez... employez toute votre
adresse... ne négligez rien... Moi, pendant ce
temps, je vais donner mes derniers ordres et faire
prévenir le notaire... Docteur, la fortune des
Torcy est maintenant entre vos mains.

Il sort.

HONORAT, *à part.*

Cœur sec et avide!.. s'il savait les motifs qui
me font agir... Ah ! cachons-lui bien mes soupçons... et surtout mes projets.

Il entre chez la marquise ; Inès restée seule, regarde de
tous côtés avec attention, et va enfin ouvrir une petite
porte à droite.

SCENE IV.

INÈS, BÉNÉDICT.

Cette scène doit être très-vive.

INÈS.

Venez, nous sommes seuls.

BÉNÉDICT.

Eh bien ?

INÈS.

Madame la marquise va plus mal... mais elle
ignore encore l'heure fatale.

BÉNÉDICT.

Pauvre maître Estève... quand je pense que
sans moi...

INÈS.

Avez-vous du nouveau?

BÉNÉDICT.

Cent basochiens... tous dévoués à maître Estève... et à moi, surtout... mais cela suffit à
peine.

INÈS.

Madame la marquise vous offre encore cet
or...

BÉNÉDICT.

Et je l'accepte... pas pour moi, fi donc!.....
mais avec de l'or on a des hommes..... et avec
des hommes..... suffit... Dites bien à madame la
marquise que nous sommes prêts à agir.

INÈS.

Quand?

BÉNÉDICT.

Aujourd'hui même.

INÈS.

La prison?

BÉNÉDICT.

Forcée.

INÈS.

Maître Alvart?

BÉNÉDICT.

Délivré.

INÈS.

Et discrétion...

BÉNÉDICT.

Absolue... Ah! messieurs du parlement, vous vous amusez à condamner des innocens, des amis de la basoche!... eh bien! la basoche vous apprendra bientôt de quel bois elle se chauffe.

INÈS.

On vient.

BÉNÉDICT.

Adieu donc... mes respects à Mme la marquise... Je ne sais par quelle impulsion elle agit, mais dites-lui bien de ma part que c'est une brave et digne dame; ajoutez que Bénédict n'est pas manchot quand il s'agit de réparer une faute, et assurez-la que maître Alvart sera ce soir libre et en sûreté, ou que les basochiens de Grenoble seront tous ensevelis sous les ruines de la prison.

Il sort, Inès referme la porte et rentre chez la Marquise.

SCENE V.

MARIE, *seule.*

Marie, pâle et échevelée, paraît au fond. Elle se traîne plutôt qu'elle ne marche. Une profonde terreur est empreinte sur tous ses traits.

C'est ici, enfin!... j'ai cru que je ne pourrais y parvenir... mais à présent je ne sortirai qu'avec la grâce d'Estève; car je sais tout... je sais tout, et je ne suis pas morte de terreur et de saisissement. Ah! c'est qu'il me reste un immense devoir à accomplir. Maître Honorat m'avait caché l'horrible vérité; il avait donné ordre qu'autour de moi rien ne vînt la trahir; mais il est des pressentimens qui ne trompent jamais. J'ai tout deviné, j'ai déjoué leur surveillance, et une fois dans la ville, tous les discours sont venus confirmer mes soupçons... C'est alors que, tremblante, éperdue, j'ai failli succomber à mon émotion. Mais une pensée subite a traversé mon esprit, j'ai repris courage, et je suis accourue ici, à l'hôtel du parlement... Mais pourquoi y suis-je venue? quel était mon dessein?... Ah! oui, c'est cela... je verrai monsieur le premier président, je me jetterai à ses pieds, il aura pitié de mes larmes, il fera grâce à Estève. S'il refuse! eh bien! je mourrai aussi, moi. Mais où aller maintenant? personne pour m'indiquer... et toutes ces portes... Il faut pourtant que je voie monsieur le premier président. (*Elle ouvre une porte.*) Ce n'est pas cela... par ici peut-être... Non... Ah! là. (*Elle pousse la porte de l'appartement de la marquise.*)

Qu'ai-je vu! (*Elle recule effrayée, et s'appuie sur un fauteuil.*) Cette femme, c'est... c'est elle, ou plutôt, c'est son spectre... Qu'importe? je n'ai pas peur, moi... avançons... Je ne puis... Encore un effort...

Elle arrive sur le seuil de la porte; on entend un cri de femme, et Honorat qui paraît immédiatement, referme la porte sur lui.

SCENE VI.

HONORAT, MARIE.

HONORAT.

Marie!

MARIE, *tombant sur un siége.*

Ah!

HONORAT.

Elle ici... comment se fait-il? Marie, mon enfant... revenez à vous... écoutez-moi.

MARIE, *regardant autour d'elle.*

Mon ami... ah! vous m'avez trompée... Déjà sans doute on dresse l'échafaud d'Estève. Oh! mais je vous en supplie, par grâce, par pitié, guidez mes pas vers monsieur le premier président... il me faut sa grâce, je la veux, je l'aurai.

HONORAT.

Pauvre enfant! qu'êtes-vous venue faire ici?... Il est trop tard, la justice a parlé, et le premier président n'a pas le droit d'absoudre.

MARIE.

Il a celui de laisser périr un innocent, n'est-ce pas? Mais s'il ne leur faut qu'une victime, ne suis-je pas là, moi?... Que leur importe?

HONORAT.

Hélas! mon enfant, c'est Estève qu'ils ont condamné, et je crains que M. le premier président ne soit inexorable.

MARIE.

Inexorable!... Eh bien! puisqu'il le faut, je saurai le forcer au pardon, moi; c'en est fait... je ne prends plus conseil que de mon désespoir... et dans l'instant... ici, à la face du parlement, à la face de la ville, je ferai une révélation qui le sauvera peut-être... car cette révélation, si je l'ai retardée jusqu'à ce moment, c'est que vous m'aviez fait accroire que vous pouviez le sauver, vous... et moi, faible que j'étais, je l'ai cru, et je vivais dans une stérile confiance... Mais à présent, j'y suis bien résolue, plus d'hésitation, plus de vaine timidité... Tremblez, madame la marquise, car je vais parler.

HONORAT.

Et que direz-vous, grand Dieu?

MARIE.

Je dirai que cette femme qui se cache à l'abri de sa réputation de probité et de vertu, n'est qu'une infâme, et que c'est elle qui a assassiné Béatrix.

HONORAT.

O ciel! qu'osez-vous dire?

MARIE.

Ce que je sais, ce que j'ai entendu... car, tremblante aux genoux d'Estève, elle lui a tout avoué dans la prison... et moi, j'étais là, derrière une porte... prêtant l'oreille. Ah! allez, mon ami, je n'ai pas perdu une seule de ses paroles.

HONORAT.

C'est donc là le secret de cette étrange maladie... Ah! oui, je vous crois, tout cela est vrai; mais quel motif?...

MARIE.

La jalousie, docteur, la jalousie... car elle aussi, elle était jalouse, et Béatrix était sa rivale.

HONORAT.

Qu'entends-je? et quelle horrible lumière vient m'éclairer!... Oui, maintenant que j'y pense, cette émotion fébrile à la nouvelle de la mort de d'Almont... cette terreur subite au récit de l'ouverture du pavillon... Ah! tout s'éclaircit enfin.

MARIE.

Et tout le monde saura...

HONORAT.

Arrêtez, mon enfant, votre désespoir vous conseille mal; écoutez plutôt la voix de la prudence. Qu'iriez-vous dire au parlement... à la ville? Ah! vous aviez raison, l'on ne vous croirait pas. Il est de ces réputations si haut placées qu'on ne peut les atteindre.

MARIE.

Mais alors, que faire? L'heure marche, et bientôt Estève...

HONORAT.

Ne perdons pas toute espérance, une occasion favorable se présentera peut-être.

MARIE.

Ah! vous voulez encore me tromper.

HONORAT.

Non, Marie, non... car moi aussi je reprends courage et je commence à entrevoir la possibilité de sauver Estève. Oui, un projet hardi, décisif... est là, dans ma tête... j'aurai besoin de vous, mon enfant... Justement, on vient; tenez-vous à l'écart, attendez que je vous appelle à mon aide.

Il la conduit vers la porte d'un appartement voisin.

SCENE VII.

HONORAT, LE PRÉSIDENT, LA MARQUISE, INÈS, UN NOTAIRE; *puis* MARIE.

Le Président paraît d'un côté, suivi du notaire, auquel il indique la table; Honorat entre chez la Marquise et en ressort aussitôt, en la soutenant avec Inès. On lui avance un fauteuil au milieu du théâtre.

LE PRÉSIDENT, *s'approchant de la marquise; à part.*

Quelle pâleur! (*Haut.*) Selon vos intentions, madame la marquise, j'ai mandé le notaire auquel vous avez désiré dicter vos volontés.

LA MARQUISE, *d'une voix affaiblie.*

Mes volontés?... ah! oui, mes volontés dernières... Est-il temps déjà?... suis-je donc plus malade... et ne peut-on remettre?...

LE PRÉSIDENT.

Plus malade?... non, certainement... maître Honorat peut vous rassurer à cet égard... mais j'ai pensé qu'il était inutile d'attendre aux heures du danger... pour constater l'expression d'une volonté qui doit fixer d'une manière invariable le sort de votre famille.

LA MARQUISE.

Dites, avant tout, de mon enfant... Mais il me semble... je croyais avoir obtenu la promesse... qu'on me l'amènerait, ce cher enfant... Il y a bien long-temps qu'il m'est enlevé... ne le verrai-je donc pas?

LE PRÉSIDENT, *à part.*

Que lui dire?

LA MARQUISE.

Monsieur le premier président, vous ne répondez pas...

LE PRÉSIDENT, *avec embarras.*

Il m'a été impossible d'accomplir cette promesse... vous le savez... il n'est pas à la ville... et les communications moins aisées... Mais soyez assurée que plus tard...

LA MARQUISE.

Plus tard!... toujours plus tard!... et c'est avec ce mot qu'on prétend apaiser les entrailles d'une mère!... Mon pauvre enfant, je n'ai plus de larmes que pour toi.

Elle essuie quelques larmes.

LE PRÉSIDENT, *bas à Honorat.*

Vous ne pensez pas qu'il y ait danger imminent?...

HONORAT.

Je vais l'interroger... (*A part.*) Oui, c'est le seul moyen, dussé-je hâter l'heure de sa mort... (*s'approchant d'elle*). Madame la marquise...

LA MARQUISE.

Ah! docteur... comment me trouvez-vous?

HONORAT.

Mieux, bien mieux... et ceci m'encourage à vous adresser une demande.

LA MARQUISE.

Parlez docteur, parlez...

HONORAT.

Au moment de mettre ordre à vos affaires en ce monde... je prends la liberté de rappeler à vos bontés une jeune fille qui en a le plus grand besoin.

LA MARQUISE.

Mais, docteur, n'est-ce pas mon devoir de consoler les affligés... de porter des secours à ceux qui souffrent?... amenez-moi cette jeune fille.

HONORAT.

Elle est là.

LA MARQUISE.

Là, dites-vous?... qu'elle vienne.

Sur un signe d'Honorat, Marie paraît sur le seuil de la porte; cette scène, qui se passe à gauche, est dérobée par Honorat et Inès au Président, qui cause avec le Notaire.

LA MARQUISE.

Que vois-je!... est-ce une illusion?... Jeune fille... que me veux-tu?

MARIE, *s'agenouillant près d'elle.*

La vie... la liberté d'Estève.

LA MARQUISE.

Estève!... mais il ne mourra pas... rassure-toi, jeune fille... je ne veux pas qu'il meure, moi.

MARIE.

Il serait possible!

LA MARQUISE.

Et bientôt... il sera libre... Oh! mais tais-toi... tais-toi! qu'on ne soupçonne pas ce que j'ai fait, ce que je veux faire pour lui...

MARIE.

Vous, madame?

LA MARQUISE, *mettant la main sur sa bouche.*

Silence et espoir.

LE PRÉSIDENT, *à Honorat.*

Eh bien, docteur?

HONORAT, *haut.*

Madame la marquise est prête à dicter ses volontés suprêmes...

Marie, agenouillée près du grand fauteuil de la Marquise, couvre sa main de baisers et se cache du Président; Inès est de l'autre côté du fauteuil; Honorat assis auprès; plus loin, le Président, et enfin le Notaire.

LA MARQUISE, *bas à Inès.*

Ils t'ont dit : aujourd'hui?

INÈS.

Oui, madame.

LA MARQUISE, *à part.*

Comme ils tardent!

HONORAT, *à part.*

Voici l'instant... Tiendra-t-elle sa promesse?...

LA MARQUISE, *haut et dictant.*

Nous, Silvia, Léonor de Lérida, marquise de Torcy, de...

LE PRÉSIDENT, *au Notaire.*

Achevez la formule.

LA MARQUISE, *à part.*

Je n'entends rien, mon Dieu!... (*Haut.*) Telle est notre volonté immuable...

LE PRÉSIDENT.

N'oubliez pas, madame, ce que la famille des Torcy a le droit d'attendre de vous.

HONORAT.

N'oubliez pas, madame, que vous avez des pleurs à sécher et des heureux à faire.

MARIE, *bas.*

N'oubliez pas Estève.

LA MARQUISE, *bas.*

Écoute, n'entends-tu pas?... oui... oh! ils ne m'ont pas trompée.

MARIE.

Que voulez-vous dire?

On entend un son de tocsin éloigné.

LE PRÉSIDENT, *se levant.*

Quel est ce bruit?... qui ose nous interrompre?... Que me veut-on?

<hr>

SCENE VIII.

LES MÊMES, UN HUISSIER.

L'HUISSIER.

Monsieur le premier président, la ville est en rumeur... Une foule d'habitans, parmi lesquels on distingue surtout les clercs de la basoche... se sont portés sur la prison... en ont chassé les gardes, trop faibles pour leur résister... en ce moment ils essaient de briser les portes pour rendre la liberté au condamné.

LE PRÉSIDENT.

Qu'entends-je!... un tel excès d'audace?...

LA MARQUISE, *à Marie.*

Eh bien, jeune fille?

MARIE.

Mais il est encore en leur pouvoir...

LE PRÉSIDENT.

Monsieur le notaire, suspendez cet acte... et vous, madame, veuillez rentrer dans votre appartement... je vais donner des ordres pour que la tranquillité de la ville soit maintenue et que la justice ait son cours... (*A l'Huissier.*) Suivez-moi. (*Bas au Notaire.*) Ne vous éloignez pas...

HONORAT, *à part, après avoir fait rentrer Marie dans le même cabinet que précédemment.*

Ce n'est pas ce que j'attendais.

Il sort en soutenant la Marquise avec Inès, le Notaire sort par la droite, et le Président par le fond avec l'Huissier.

<hr>

SCENE IX.

MARIE, *seule, sortant du cabinet.*

Libre... oh! je n'y puis croire encore... libre... et bientôt hors de danger. Oh! tant de bonheur!... mais si ce président allait réussir... si les habitans, obligés de céder au nombre... Oh! mon Dieu!... cette cloche se ralentit... je l'entends à peine... Ah! si... si... elle retentit avec plus de force... Que dois-je espérer?... que dois-je craindre?... Et ne pouvoir m'assurer moi-même... ah! cette fenêtre... (*Elle l'ouvre précipitamment.*) Non, rien.

<hr>

SCENE X.

MARIE, ESTÈVE.

Il est entré silencieusement pendant les derniers mots de Marie.

MARIE, *l'apercevant en se retournant.*

Ah! Estève!

ESTÈVE.

Marie!

MARIE.

Sauvé!... sauvé!... ô mon Dieu!... je te bénis...

ESTÈVE.

Vous ici?

MARIE.

Mais toi-même, qu'y viens-tu faire?... O ciel!
ils sont à ta poursuite... ils te cherchent... fuis...
ah! fuis...

ESTÈVE.

Non, Marie, non, je ne fuirai pas.

MARIE.

Mais qui t'amène?... que veux-tu donc?

ESTÈVE.

Rendre sa proie à l'échafaud.

MARIE.

Qu'as-tu dit, Estève?... oh! par pitié... entends ma voix... fuis...

ESTÈVE.

Non, je ne tiens pas assez à ma vie pour la
disputer au bourreau... sur la place de Grenoble il ne doit pas couler d'autre sang que le
mien... Je ne le souffrirai pas... car si je le souf-
frais, je serais un lâche.

MARIE.

Mais qui t'a dit que ta liberté ferait des victimes?

ESTÈVE.

Du moins, ma mort n'en fera pas d'autre que
moi.

MARIE.

Tu te trompes, Estève... car, si tu meurs... tu
ne mourras pas seul.

ESTÈVE.

O ciel! qu'as-tu dit?... Marie... quel blas-
phème!... Toi, mourir!

MARIE.

Oui; car je t'aime... et je ne puis vivre sans toi.

ESTÈVE.

Est-ce un songe?... Oh! mais non, tu te trompes,
enfant... tu ne peux m'aimer... ne m'en suis-je
pas rendu indigne... en te méconnaissant?

MARIE.

Je t'aime! te dis-je... non pas comme un frère...
oh! je l'ai tenté en vain... mais je t'aime de toutes
les forces de mon ame... comme au jour où nos
mains furent unies sur le lit de mort de ta mère...
et vois-tu maintenant... tu m'es plus cher que jamais, car je n'ai plus peur de ma rivale.

ESTÈVE.

Malheur! malheur sur moi... Marie! Ah! tu me
fais regretter la vie.

MARIE.

Et qui t'empêche de me la conserver?... car elle
m'appartient... tu n'as plus le droit d'en disposer.

ESTÈVE.

Ange du ciel! oh! je veux vivre maintenant.

MARIE.

Eh bien! viens donc... suis-moi... fuyons en-
semble.

ESTÈVE.

Oui, fuyons... Il est trop tard!

SCENE XI.

**MARIE, ESTÈVE, HONORAT, LE PRÉSIDENT,
LA MARQUISE, BÉNÉDICT, PEUPLE, SOLDATS,
CLERCS DE LA BASOCHE.**

La scène se couvre de monde, d'un côté, les soldats qui
saisissent Estève; de l'autre, le peuple; les clercs de la
basoche conduits par Bénédict et perdus dans la foule:
plusieurs sont armés de bâtons; les autres personnages
au milieu.

LA MARQUISE.

Ah! perdu!

Elle tombe évanouie.

LE PRÉSIDENT.

Que le criminel soit gardé à vue dans l'enceinte
même du parlement, et sous l'égide des lois, jusqu'à ce que son sort soit accompli.

BÉNÉDICT, *à part.*

Il ne l'est pas encore. (*Bas à Honorat.*) Dites
un mot, maître, et nous allons recommencer la
danse.

HONORAT.

Vain espoir... maintenant ils sont sur leurs
gardes.

BÉNÉDICT.

Que faut-il donc faire?

HONORAT.

Adresser nos vœux à la Providence.

Tout le monde sort; les soldats par la gauche avec Estève,
le Président par la droite avec les huissiers; le peuple
au fond refoulé par les soldats; les portes se referment.

SCENE XII.

LA MARQUISE, HONORAT, MARIE.

La Marquise est restée évanouie.

MARIE.

Plus d'espoir!

HONORAT.

Si fait... un encore... un seul... cette femme.

MARIE.

Cette femme? mais elle se meurt.

HONORAT, *prenant son bras.*

Non... elle n'est qu'évanouie... ce sont ses dernières luttes avec la mort... Il faut profiter de son
retour passager à la vie... car un mot d'elle peut
sauver Estève.

MARIE.

Un mot... oui... un mot... Mais le dira-t-elle?
(*Tombant à genoux près d'elle pour examiner de
plus près son visage.*) O mon Dieu! comme elle
est pâle!... comme ses yeux tardent à se rouvrir!...
Docteur... docteur... elle ne respire plus...

HONORAT.

Son cœur bat toujours...

MARIE.

Mais chaque instant qui fuit rapproche Estève
du supplice... Ah! sa main a tressailli...

HONORAT.

Oui, ses battemens sont plus précipités... ses
traits s'animent légèrement... mais son existence
est prête à fuir.

MARIE.

Oh ! un quart-d'heure seulement, et je consens à mourir avec elle.

HONORAT.

Elle recouvre ses sens... Silence, jeune fille.

Un long silence, pendant lequel ils guettent tous deux son retour à la vie.

LA MARQUISE, *d'une voix éteinte.*

Ah ! que je souffre !... où suis-je ?... qui êtes-vous ?

HONORAT.

Madame la marquise...

LA MARQUISE.

Le docteur !... Encore cette jeune fille !... Leurs regards me font mal... Éloignez-vous...

MARIE.

Mais Estève, madame... mon frère... mon fiancé... ne me le rendrez-vous pas ?

LA MARQUISE.

Estève !... ah ! oui, je le sauverai.

MARIE.

Mais il va mourir.

LA MARQUISE.

Mourir... est-ce donc si terrible, la mort ? mais je l'envie... moi... je l'appelle de tous mes vœux... Viendra-t-elle bientôt, docteur ?... Vous ne répondez pas... vous détournez les yeux... (*Avec effroi.*) Ah ! je vais mourir !

HONORAT, *d'une voix solennelle.*

Ma fille, préparez-vous à paraître devant votre souverain juge.

LA MARQUISE.

Mourir !... déjà... ô mon Dieu ! je ne suis pas prête encore... Oh ! je mentais tout-à-l'heure... je crains la mort... éloignez-la de moi, docteur... par pitié, un instant encore...

HONORAT.

Ma science ne peut rien contre les lois divines... Ma fille, profitez des derniers instants qui vous restent pour vous réconcilier avec votre conscience.

LA MARQUISE.

C'est impossible... le secret qui me tue... je dois l'emporter dans ma tombe... pour mon fils. (*Avec égarement.*) Mon fils... où est-il... je veux le voir... afin que sa vue m'aide à mourir.

MARIE.

Mais, ce secret, madame, c'est la mort d'un innocent... et vous ne voudriez pas qu'en paraissant devant Dieu... un fantôme pareil à son image se plaçât entre vous et l'Éternel ?

LA MARQUISE, *poussant un cri.*

Ah ! mon enfant... mon enfant... viens me donner du courage contre eux... Jamais... non, jamais.

MARIE, *éperdue.*

Que faire, grand Dieu ! que faire ?

Elle traverse la scène.

HONORAT.

Eh bien ! puisqu'il le faut absolument... et

puisque votre fils est le seul obstacle au repos de votre conscience, réunissez vos forces, madame... pour apprendre un secret qu'on avait résolu de vous cacher.

LA MARQUISE.

Vous m'épouvantez !

HONORAT.

Marquise de Torcy, vous pouvez rendre l'honneur à Estève Alvart... celui de votre fils est descendu avec lui dans la tombe.

LA MARQUISE, *poussant un cri de douleur.*

Ah !

MARIE, *ouvrant la fenêtre.*

Ciel ! quel affreux spectacle !... des hommes là, sur cette place... dressant un échafaud... Voyez, voyez, madame... et ici... le bruit d'une marche funèbre... Oh ! pitié... pitié pour moi... pitié pour Estève !

HONORAT.

Pitié pour votre ame, madame.

LA MARQUISE.

Je me meurs... Qu'on appelle M. le premier président... un notaire... des témoins... il en faut... le temps presse... Mon Dieu... mon Dieu... une minute encore.

Il se fait un grand mouvement ; tout le monde accourt : le Président suivi du Notaire, Inès, Bénédict. Les portes du fond s'ouvrent, on entend la marche du supplice ; on voit passer la tête du cortège.

SCENE XIII.

LES MÊMES, TOUT LE MONDE.

HONORAT.

Ma fille, du courage... Dieu vous montre la voie pour arriver à lui.

LA MARQUISE, *au Notaire.*

Écrivez mes dernières paroles.

LE PRÉSIDENT.

Est-ce votre testament, madame ?

LA MARQUISE.

Non, c'est ma confession... Écoutez tous. (*Tout le monde l'entoure dans un religieux silence. Un chartreux qui se détache du cortège funèbre s'approche d'elle le crucifix à la main et le lui présente ; la marche est suspendue. Estève est parvenu au fond, jusqu'au milieu du théâtre. La marquise élevant la voix.*) Mon père, je déclare devant vous... devant ceux qui sont ici présens... qu'Estève Alvart n'est pas coupable... c'est moi... qui ai tué Béatrix !

TOUS.

Ah !

MARIE, *se précipitant dans les bras d'Estève qui se trouve libre sur-le-champ.*

Estève !

HONORAT,

Ma fille !... votre repentir sauve une tête innocente... quelques heures encore... et il n'était plus temps.

LA MARQUISE.

Ah ! maintenant, que Dieu me reçoive dans sa bonté souveraine... je vais rejoindre mon fils !

Elle rend le dernier soupir. Tout le monde s'agenouille.

PARIS. IMPRIMERIE DE Ve DONDEY-DUPRÉ, rue Saint-Louis, 46, au Marais.

www.ingramcontent.com/pod-product-compliance
Lightning Source LLC
Chambersburg PA
CBHW061143050726
47594CB00005B/2293